LE JUDAÏSME DANS LA VIE QUOTIDIENNE

« Présences du judaïsme »

DU MÊME AUTEUR

Le Judaïsme dans la vie quotidienne, Tome II : études et Responsa, Paris, Albin Michel, coll. « Présences du judaïsme », 2002.

ERNEST GUGENHEIM

Le Judaïsme dans la vie quotidienne

Avant-propos de Jacob Kaplan
Grand Rabbin de France

Albin Michel

Collections « Présences du judaïsme »
dirigées par Menorah/F.S.J.U.

Collection « Présences du judaïsme » poche
Mireille Hadas-Lebel

AVANT-PROPOS

Cet ouvrage, publié pour la première fois en 1961, n'a rien perdu de son intérêt ni de son actualité. Au contraire, à mesure que le judaïsme français multiplie ses efforts pour développer la formation juive de nos jeunes, on constate chez eux un besoin de connaître effectivement la réalité religieuse juive en vue de la vivre dans la fidélité à la doctrine et aux commandements de la Tora.

Dans le monde désacralisé où nous sommes, où les pratiques sont présentées comme étant dénuées de toute valeur religieuse, ce livre a le mérite de mettre en lumière le rôle important des mitsvoth *et montre que les rites — à condition qu'ils ne deviennent pas routine — font que l'existence juive se déroule dans une atmosphère permanente de spiritualité pour ceux qui les accomplissent dans le sentiment d'observer des commandements sacrés.*

L'auteur, le Grand Rabbin Ernest Gugenheim, descendant d'une longue lignée rabbinique, est décédé cette année à l'âge de 61 ans. Il était né à Westhoffen en 1916 où son père, le Grand Rabbin Max Gugenheim, exerçait alors son ministère.

Il fit ses études au Séminaire israélite de France de 1933 à 1937. S'intéressant plus particulièrement aux questions talmudiques et désireux d'approfondir ses connaissances dans ce domaine, il passa un an dans l'une des plus célèbres yechivoth *du judaïsme de l'Est européen, celle de Mir. Depuis, hélas, elles ont été toutes détruites par les nazis.*

Revenu en France en automne 1938 pour son service militaire, il prit part à la deuxième Guerre mondiale ; prisonnier en 1940, il resta en captivité jusqu'à la fin de l'hitlérisme.

Au Stalag, le sentiment d'être l'homme de la Tora lui donnait la force morale de surmonter les épreuves. Il était pour tous l'ami dont les paroles avaient la vertu de réconforter et d'encourager. Avec le prophète Isaïe, il aurait pu dire : « l'Eternel m'a doté du langage de ses disciples pour que je puisse relever par la parole les cœurs accablés ».

Cette bonté agissante, ce désir constant de venir en aide à autrui, ont été les traits dominants de son caractère.

Libéré en 1945, il fut nommé professeur de Talmud et de dinim *du Séminaire et, en 1951, il fut appelé à exercer les fonctions de vice-Président du Tribunal rabbinique. En 1975, il devint directeur du Séminaire israélite de France.*

Le Grand Rabbin Ernest Gugenheim s'est adonné

à l'étude des problèmes d'éthique médicale. Sur ces questions, il a exposé le point de vue de la Halakha en de très nombreux articles. Ses opinions, fondées sur des références talmudiques et rabbiniques à la manière de nos plus grands décisionnaires, s'imposaient à tous. Il avait l'humilité des Sages d'Israël, soucieux de ne rien formuler sans se réclamer en principe d'une autorité religieuse universellement reconnue. Il n'hésitait pas cependant, quand il ne pouvait faire état de références valables, à exprimer son avis personnel comme pour la greffe de la cornée. Dans la circonstance, il justifiait l'autorisation qu'il donnait en disant : « ... permettre à un malade en lui sauvant la vue d'assurer la fonction pour laquelle D. l'a créé, n'est-ce pas en quelque sorte lui rendre la vie ? »

Ces réponses aux problèmes de notre temps ont été pour lui « une confrontation permanente des normes de la Loi avec les réalités toujours nouvelles d'une actualité prodigieusement mouvante ». Il disait aussi que, « plus que jamais, il était nécessaire de rappeler le sens de l'absolu des principes moraux sous peine d'ouvrir la brèche à tous les abus, à toutes les déviations, à toutes les aberrations ».

Quand les articles qu'il a écrits sur ces questions et sur beaucoup d'autres seront publiés, ils constitueront une somme de documentation du plus haut intérêt pour le judaïsme français et le judaïsme en général.

Il a assumé la direction de l'importante collection des « Chantiers du Rabbinat », consacrée à la traduction de la Michna et il y a collaboré lui-même. Il a participé à la traduction du commentaire de Rachi sur la Tora.

Nous nous réjouissons de la réédition du présent ouvrage. Non seulement elle répond à un besoin d'approfondissement du judaïsme mais en raison de sa date de sortie — l'année même de la mort de l'auteur — elle revêt un caractère émouvant, celui d'un hommage de la Communauté à la mémoire de notre cher et regretté Grand Rabbin Ernest Gugenheim.

Jacob KAPLAN
Grand Rabbin de France

INTRODUCTION

PLACE ET SIGNIFICATION DES PRATIQUES DANS LE JUDAISME

Le présent ouvrage n'a pas de prétention scientifique. Il ne s'agit nullement d'une étude savante sur l'origine et l'histoire des pratiques dans le judaïsme. Nous nous proposons simplement de décrire la vie du juif fidèle à sa Loi, de familiariser le lecteur avec les coutumes juives essentielles, de montrer comment la doctrine et la morale juives s'inscrivent, se concrétisent, s'incarnent dans l'existence quotidienne, dans le déroulement des jours, dans les principales étapes de la vie.

Sans doute, toute religion comporte-t-elle des rites, des pratiques. Il n'existe pas de croyance qui ne revête certaines formes extérieures, de foi qui ne se manifeste par la prière et par des actes sans lesquels elle dégénérerait en une vague religiosité. Mais, dans le judaïsme, les pratiques, l'action occupent une place particulière. De par sa nature, la doctrine juive est essentiellement pragmatique :

Israël se définit comme le peuple-serviteur de Dieu. Le devoir principal, sinon exclusif, qui lui incombe, est donc d'accomplir la volonté divine. Cette volonté s'exprime par la *Tora*[1], dans les *mitsvoth* (les commandements) qu'elle prescrit.

Si le judaïsme se fonde, évidemment, sur un certain nombre de vérités métaphysiques, sa principale préoccupation est, pourtant, de conduire ses adeptes à conformer leurs actes aux prescriptions divines. La crainte et l'amour de Dieu se manifestent le mieux dans l'obéissance à Ses commandements, comme l'affirme à maintes reprises la Tora, écrite et orale. « *Et maintenant, Israël, qu'est-ce que le Seigneur demande de toi, sinon de craindre l'Eternel ton Dieu, de marcher en toutes Ses voies, de Le servir de tout ton cœur et de toute ton âme, en observant les lois et les préceptes de Dieu...* » (Deut., XI, 12-18). Ou encore : « Si tu écoutes la voix de l'Eternel, ton Dieu, en observant et en exécutant tous Ses commandements... toutes ces bénédictions t'adviendront, si tu écoutes la voix de l'Eternel, ton Dieu » (Deut., XXVIII, 1-2). Cette idée se répète presque comme un leitmotiv dans le Deutéronome. « *Le plus important n'est point la spéculation, mais l'action* », disent à leur tour nos Sages (Avoth, I, 17). La même idée se retrouve encore dans le Rituel : « Notre Père, Père miséricordieux, inspire-nous de comprendre, d'écouter, d'étudier, d'enseigner, d'observer et de pratiquer la Tora tout entière avec

1. Au sens étroit, le Pentateuque. Au sens général, l'ensemble de la Loi, écrite et orale.

amour. » Garder la Tora, pratiquer les mitsvoth, constitue ainsi un devoir si intimement incorporé à la substance d'Israël qu'il devient toute sa vie.

Doctrine d'action, c'est vers ce monde-ci, vestibule du monde futur, que cette action est dirigée. A l'homme de compléter, de parfaire par la pratique des lois de justice, d'amour, de sainteté, le monde resté volontairement inachevé. L'homme devient ainsi collaborateur de Dieu pour organiser la cité terrestre selon l'idéal qu'Il lui a fixé. Commentant le verset du Deutéronome (VII, 11) : « Tu observeras la loi, les décrets, les statuts que Je t'ordonne aujourd'hui d'accomplir », nos Sages insistent (Avoda Zara 4 *b*) : « C'est aujourd'hui qu'il s'agit de le faire, mais non aujourd'hui d'en attendre la récompense. » La Tora fut donnée aux hommes, et non aux anges, car de quelle utilité serait-elle pour de purs esprits ?

Aussi comprend-on, et c'est devenu un lieu commun de l'affirmer, que le judaïsme ne se laisse pas confiner dans le domaine strictement religieux et moral, qu'il dépasse infiniment les limites de ce que l'on est convenu d'appeler une « religion », mais qu'il embrasse tous les domaines de l'activité humaine. Il régit aussi bien les devoirs de l'homme envers Dieu et ses rapports avec ses semblables, que son comportement à l'égard des animaux et de la nature, d'une manière générale. Service de Dieu, célébration du Sabbat et des fêtes, droit familial, mariage et divorce, droit civil et pénal, transactions commerciales, serments... sont soumis également à la législation de la Tora. Au fond, il n'existe pas, pour le Juif, d'acte non religieux ; à tout instant de sa vie, le fidèle se demandera : « Comment vais-je faire pour conformer mon action à la Volonté divine ? »

Parachevant le monde et le sanctifiant, l'homme se fait et se sanctifie lui-même, il réalise ainsi la destinée pour laquelle il a été créé. Cette tâche n'outrepasse pas ses forces, elle ne saurait les dépasser. Libre et responsable, tout dépend de lui, son sort est dans sa main. Dans ses œuvres résident les sources de son mérite, les conditions mêmes de son salut. N'est-ce pas le sens de cet adage talmudique bien connu : « Le Saint, béni soit-il, voulut procurer du mérite à Israël, aussi a-t-il multiplié pour lui Tora et Mitsvoth » ?

Peu importe d'ailleurs qu'il s'agisse, lorsque nous parlons des mitsvoth, des bonnes œuvres ou des pratiques d'ordre purement religieux, sans signification morale apparente. Expression de la Volonté divine, toutes ces lois, dût leur sens nous rester partiellement caché, s'imposent également à notre respect. Dans cette perspective, sanctifier le Sabbat est un devoir aussi important qu'assister les pauvres ; l'observance du régime alimentaire prescrit par la Tora a une valeur religieuse égale à la pratique de l'équité. Incarnant le Vouloir divin, la mitsva acquiert par là même valeur d'absolu, retentissement cosmique ; elle sanctifie celui qui l'accomplit et accroît la sainteté dans le monde.

On entrevoit dès lors la place originale, prépondérante, qu'occupe le rite dans l'économie du judaïsme, la fonction qu'il y remplit. On comprend également que l'opposition entre la foi et les œuvres, soulignée, sinon créée, par la théologie chrétienne, est totalement étrangère à l'esprit authentique du judaïsme. Cette opposition est, en vérité, purement artificielle. Le même lien les unit que celui qui attache l'âme au corps. Inséparables, indissolublement liées, elles se complètent avec une nécessité absolue. Mieux encore, les œuvres sont cette foi même, en action.

Il est bien évident que le judaïsme vécu d'aujourd'hui n'est pas le résultat d'un jour, mais le lent fruit des siècles. Aux rites remontant à la plus haute antiquité sont venus s'ajouter des institutions d'ordre rabbinique et des usages consacrés par la pratique des générations, les *minhaguim*, sanctionnés par l'autorité des Maîtres et devenus ainsi « Loi », alors qu'au cours des temps d'autres tombaient en désuétude. Ces usages, nés de la vie même, présentent des variations notables de pays à pays, de région à région et même de communauté à communauté, et très souvent ils marquent, précisément, les actes les plus courants de la vie. Ils n'en restent pas moins « un » dans leur diversité. Nés de la même source d'inspiration, constituant tous, dans leur variété, un témoignage visible de piété et d'attachement à Dieu, ils tendent et réussissent par ailleurs, par leur force d'évocation et d'édification, par leur puissance émotionnelle, à transfigurer la banalité journalière, à implanter Dieu dans la vie quotidienne.

« Les préceptes de l'Eternel sont droits, ils

réjouissent le cœur ; la mitsva de l'Eternel est lumineuse, elle éclaire les yeux » (Ps. XIX, 9). Ces mots du psalmiste, dans leur simplicité, ont toujours servi pour exprimer la joie, le ravissement, le bonheur que procure au croyant l'accomplissement de la mitsva, réalisée dans sa plénitude. Les théologiens chrétiens se représentent les Juifs gémissant sous le poids monstrueux, le fardeau intolérable du joug de la Loi ; l'existence du juif pratiquant qui se soumet aux multiples observances traditionnelles leur paraît enchaînée et irrespirable. Regardant de l'extérieur, ils ne peuvent comprendre que ce joug est doux à porter, ils ne peuvent saisir la joie mystique du fidèle heureux de se plier à cette discipline : *Sim'ha chel Mitsva,* « joie de la mitsva ». Satisfaction du devoir accompli, sans doute, mais aussi, atmosphère spécifique, faite de sérénité, de charme, de douceur ; joie pure, intime, de céleste noblesse. « *Joie du croyant qui vit pleinement sa croyance, conscience de l'harmonie totale réalisée entre les mille forces divergentes de son être. Harmonie intérieure qui résulte de l'unisson des voix de l'homme avec la voix de Dieu ; joie, joie pleine et forte et définitive et qui est comme l'épanouissement de cette harmonie en chaleur et en lumière* » (M. VEXLER, *Foi et Réveil,* août 1913).

PREMIÈRE PARTIE

LA VIE QUOTIDIENNE

LE RÉVEIL

> Je fixe constamment mes regards sur l'Eternel.
> (Ps. xv, 18.)

Le sentiment de la présence divine inspire et guide tout le comportement du juif. Dès le réveil, c'est à Dieu qu'appartient sa première pensée. Avant même de se purifier par l'ablution des mains *(Netillath Yadayim)*, il récite cette courte prière : « Je te rends grâce, Roi vivant et éternel, de m'avoir, dans Ton Amour, rendu mon âme ; grande est Ta Fidélité. » Le sommeil est comme une mort partielle : tout se passe comme si, au réveil, Dieu restituait l'âme au corps. Au saut du lit, il se lave les mains — mesure hygiénique, mais surtout acte de sanctification, — semblable au prêtre qui, jadis, avant de prendre son service au Temple, se lavait dans le *kiyor*, le bassin placé devant l'enceinte intérieure. Par trois fois, il verse l'eau, à l'aide d'un récipient, alternativement sur ses deux mains, en commençant par la droite. D'ailleurs, au cours de sa toilette, il donne à maintes reprises la préséance à la droite. Ces minuties prêtent à sourire. En vérité, une symbolique très profonde préside à ces coutumes : le côté droit doit représenter la Miséricorde divine, *'Hessed*, le gauche, sa Rigueur, *Middath Hadine*. Nous voudrions ainsi exprimer notre désir de voir le *'Hessed* implanter victorieusement son règne dans l'univers et transformer la Rigueur elle-même en Miséricorde.

Une fois la toilette achevée, premier devoir, première occupation : la Prière du matin, *Tefillath Cha'harith*. Le verset (Lév., XIX, 26) « vous ne mangerez pas en présence du sang » est interprété ainsi : vous ne mangerez pas avant d'avoir prié pour votre sang (vie). On n'entreprend aucun travail auparavant ; seuls, l'étude et l'enseignement de la Tora sont tolérés.

CHAPITRE PREMIER

LES TROIS SYMBOLES : Tsitsith, Tefilline, Mezouza

I. Les Tsitsith.

Les *tsitsith* sont de longues franges de laine placées aux quatre coins d'une sorte de châle carré, lui-même garni de franges, appelé *tallith*, dont on s'enveloppait et que l'on portait, à l'origine, comme vêtement. La Tora confère explicitement aux *tsitsith* une valeur symbolique : « Le Seigneur parla à Moïse en ces termes : « Parle aux enfants d'Israël et tu leur diras de se faire des *tsitsith* aux coins de leurs vêtements, dans toutes leurs générations, et d'ajouter aux *tsitsith* du coin un fil d'azur. Cela formera pour vous un symbole *(tsitsith), vous les verrez, vous vous rappellerez tous les commandements du Seigneur*, vous les exécuterez et vous ne vous égarerez pas à la suite de votre cœur et de vos yeux qui vous entraînent à l'infidélité. Ainsi vous vous rappellerez et vous exécuterez tous Mes commandements et vous serez saints pour votre Dieu. Je suis le Seigneur, votre Dieu, qui vous ai fait sortir du pays d'Egypte pour devenir votre Dieu. Je suis le Seigneur votre Dieu » (Nomb., XV, 37-41).

Et nos Sages de commenter : « La contemplation des *tsitsith* suscite le souvenir et le souvenir l'action » (Mena'hoth, 43 *b*). Un autre verset ajoute : « Tu te feras des cordons en franges *aux quatre coins* du vêtement dont tu te couvres » (Deut., XXII, 12). Ainsi, seuls les vêtements à quatre coins sont susceptibles de recevoir des *tsitsith*. Ayant adopté, au cours des temps, le costume en usage dans les pays de leur résidence, les juifs ne pouvaient plus désormais y attacher des *tsitsith*. Aussi le port du *tallith* fut-il restreint essentiellement à la récitation de la prière du matin. Pour se conformer cependant à la prescription de la Tora, ils portent, durant toute la journée, un « petit tallith », le *tallith qatane*, appelé également *arba kenafoth* (« quatre coins »). C'est une pièce d'étoffe rectangulaire, pourvue de *tsitsith* à ses quatre coins, et percée, en son milieu, d'une ouverture par où passer la tête. Alors que l'usage du grand *tallith* est réservé à ceux qui ont atteint leur majorité religieuse, à treize ans, et que certains même ne s'en revêtent qu'après leur mariage, on habitue les enfants, dès l'âge de trois ans, à mettre le *arba' kenafoth*, car il est écrit : « L'homme n'est-il pas un arbre des champs ? » (Deut., XX, 12) ; de même que la jouissance des fruits de l'arbre n'est permise que dans la quatrième année de sa plantation et qu'alors seulement il commence, pour ainsi dire, à remplir la mission pour laquelle il a été créé, c'est aussi dans sa quatrième année que l'on amène l'enfant de l'homme au service de Dieu en l'initiant à la pratique des mitsvoth.

Voici comment on attache les *tsịtsith* au grand *tallith* comme au *tallith qatane.* Quatre fils de laine, blancs, tissés et tressés spécialement dans ce but, sont passés à travers un trou pratiqué à chacun des quatre coins et fixés par un double nœud ; on enroule alors autour de ces fils l'un d'eux, plus long que les autres, en effectuant successivement sept, huit, onze, treize tours, séparés l'un de l'autre par un double nœud. (Ces trente-neuf tours correspondent à la valeur numérique de *H. E'had, « Le Seigneur est un »*, derniers mots de la profession de foi du *Chema'.)*

Le texte de la Tora déjà cité prescrit qu'un fil d'*azur* soit mêlé aux fils blancs : « l'azur évoque la mer, la mer le ciel, le ciel le trône divin » (Mena'hoth, 43 *b*). Il s'agit là d'une couleur d'une nature spéciale dont le procédé de préparation, qui était secret, s'est perdu après la dispersion. C'est pourquoi nous n'avons plus que des *tsitsith* blancs.

Dans son *tallith* garni de *tsitsith,* le fidèle possède un *signe visible* propre à évoquer la pensée de Dieu et de Sa Loi, le protégeant ainsi contre les tentations du monde matériel qui l'assaillent constamment. Après avoir revêtu le *tallith,* il met les *tefilline,* suivant ainsi le principe : « Il faut monter en sainteté. »

II. Les Tefilline.

« Et tu les attacheras (les paroles divines) comme *signe* à ta main et elles seront une parure entre tes yeux » (Deut., VI, 8). A trois autres reprises encore, la Tora mentionne cette prescription des *tefilline* dont, cependant, la forme, en tous ses détails, nous est transmise par la Tradition orale en tant que *Halakha le Moché mi Sinaï :* « Loi donnée à Moïse au Sinaï ».

Elles se présentent sous l'aspect de deux écrins carrés, *batim*, faits de cuir teint en noir d'un animal « pur », *kacher*, et munis de lanières noircies sur un côté, qui serviront à les fixer au front et au bras gauche du fidèle, lors de sa prière. Ils contiennent, en manuscrit, les quatre passages de la Tora qui les mentionnent (Ex., XIII, 1 à 10, XIII, 11 à 16 ; Deut., VI, 4 à 9, XI, 13 à 21). Pour ces quatre morceaux de parchemin, les *tefilline chel roch*, celles du front, possèdent intérieurement quatre compartiments ; par contre, dans les *tefilline chel yad*, celles du bras, qui ne sont pas divisées, ces quatre passages sont réunis sur un seul rouleau de parchemin. Les *tefilline chel roch* présentent, sur leurs deux faces latérales, imprimée dans le cuir, la lettre *chine* ; celle de droite a trois branches, celle de gauche quatre. On pratique à la lanière des *tefilline chel yad* un nœud *(qécher)* qui reproduit la lettre *yod*, tandis que celle qui ceindra la tête est fermée par un nœud en forme de *daleth.* Ces trois lettres constituent ainsi le nom de *chaddaï,* « le Tout-Puissant ».

C'est à partir de sa majorité religieuse que l'Israélite met régulièrement ses *tefilline,* tous les jours ouvrables, au cours de la prière du matin. En principe, il devrait même les porter toute la journée : ne sont-elles pas le signe que l'homme dirige son cœur, ses pensées, sa volonté vers Dieu, en un désir de soumission absolue ? C'est en effet ce que veut symboliser leur place au bras gauche (près du cœur) et au front. Mais il est, évidemment, impossible au simple fidèle de se tenir des heures entières dans un tel état d'exaltation et de ferveur et d'y conserver l'état de pureté physique et morale requis pour le bon accomplissement de cette mitsva. Seuls en ce monde, certains « Saints », *tsaddiqim,* qui font du service divin leur occupation exclusive, se le permettent ou se l'imposent. Légalement parlant, l'obligation religieuse en a été restreinte à la prière du matin.

Les *tefilline* sont appelées *oth, signe* visible de l'attachement, de l'amour d'Israël pour Dieu. C'est pour cette raison qu'on ne les mettra pas le Sabbat et les jours de fête, appelés également *oth, oth berith,* « signe d'alliance », qui, par leur seule présence, manifestent le même symbole. L'Israélite, nous enseigne le *Midrach,* a besoin de deux « témoins » pour « attester » de son appartenance au judaïsme. L'un est permanent, intime, lié indissolublement à sa personne, le sceau de la circoncision ; l'autre extérieur et bien visible, les *tefilline*, en semaine, ou la sanctification de la solennité religieuse.

On attache d'abord les *tefilline chel yad*, puis les *tefilline chel roch*, pour manifester la préséance accordée à l'acte, à la pratique, sur la méditation, la théorie, rappelant la réponse des Hébreux au Sinaï : « Tout ce que Dieu a dit, nous le ferons (d'abord) et nous le comprendrons (ensuite). » C'est en accomplissant les commandements que nous en pénétrons véritablement le sens. On se garde de toute interruption entre les deux opérations : rien ne doit séparer l'idée du geste, le sentiment de l'acte qu'il inspire et qui l'exprime. Les *tefilline chel yad* sont généralement recouvertes par la manche du vêtement ; les *tefilline chel roch*, au contraire, ressortent visiblement : cachez vos actes, mais faites briller l'idée qui les inspire.

Cette mitsva, de nos jours, semble très négligée. Peu de rites, cependant, se révèlent aussi riches et pleins de sens, peu recèlent le même pouvoir d'édification et de sanctification. Les principes essentiels de la foi s'y rattachent : l'unité de Dieu, l'acceptation de Son joug, le souvenir de la sortie d'Egypte et des prodiges que Dieu opéra en faveur de son peuple, la Providence, son immixtion miraculeuse dans l'Histoire. Par ce « ligotage » quotidien, le fidèle vivifie et fortifie constamment sa foi tout en marquant clairement aux yeux de l'univers sa volonté de se consacrer au service de Dieu : mettre les *tefilline*, c'est graver sur soi Son Nom. « Et tous les peuples verront que le Nom de Dieu repose sur toi » (Deut., XXVIII, 10). « Ce verset s'applique, dit Rabbi Eliézer, aux *tefilline chel roch.* »

A maintes reprises, en effet, les Rabbins du Talmud insistent sur leur importance. « Qu'entend-on par l'expression : Juif transgressant la Tora dans son corps » ? « C'est, répond Rav, celui qui ne met pas les *tefilline* » (Roch Hachana, 17 *a*). D'après Rabbi Chimeone ben Lakich, « celui qui met les *tefilline* prolonge ses jours et ses ans ».

Rabbi Na'hman ben Isaac demanda à Rabbi 'Hiya bar Abin : « Que contiennent les *tefilline* du Maître de l'Univers ? » Il lui répondit ce verset : « Qui est comme ton peuple Israël, nation unique sur la terre ? » (I Chr., XVII, 21). — Et Dieu se glorifie des louanges d'Israël ? — Oui, car Dieu dit à Israël : « Vous m'avez conféré un caractère unique, en proclamant : « Ecoute Israël, le Seigneur est notre Dieu, le Seigneur est Un ! », et Moi, en retour, Je vous accorde un caractère unique : « Qui est comme ton peuple Israël ?... » (Berakhoth, 6 *a*). Il est souvent question dans les livres saints de l'union mystique et de l'amour conjugal qui lient Dieu et son peuple. Les *tefilline* en représentent un symbole : en enroulant la lanière autour de son médius, comme un anneau de mariage, le Juif récite les versets d'Osée (II, 21-22) : « *Je te fiance à Moi à jamais. Je te fiance à Moi par la justice et le droit, par la grâce et la miséricorde, Je te fiance à Moi par la fidélité, et toi, tu connaîtras le Seigneur.* »

Enfin, Raba assure que « celui qui met les *tefil-*

line, s'enveloppe du *tallith*, lit le *chema'* et prie est certain d'avoir part au monde futur » (Mena'hoth, 44 *b*).

III. La Mezouza.

« Et tu les écriras (les paroles de Dieu) sur les poteaux *(mezouzoth)* de ta maison et sur tes portes » (Deut., VI, 9).

Par la circoncision, les *tsitsith*, les *tefilline*, le juif porte sur son corps et ses vêtements des signes dans lesquels il exprime son amour pour Dieu et qui, au besoin, le rappellent à ses devoirs ; la *mezouza* l'avertit de même lorsqu'il sort de sa maison ou qu'il y rentre ; elle est comme le symbole que la crainte du Seigneur y règne. Selon l'expression de Maïmonide, « elle évoque l'Unité du Saint Nom divin et notre amour pour Lui. Le juif se réveillera de sa torpeur et de sa complaisance envers les vanités de ce monde. Il saura que rien ne dure sinon la connaissance du « Rocher éternel ». Aussitôt, il se ressaisira et marchera dans les chemins droits. »

« Celui qui met les *tefilline* à son front et à son bras, qui attache les *tsitsith* à son vêtement et fixe la *mezouza* à sa porte est assuré contre le péché, car il est dit : « Le lien triplé ne se rompt pas facilement. » (Eccl., IV, 12) » (Mena'hoth, 43 *b*).

La *mezouza*, c'est un petit rouleau de parchemin fixé dans un étui au poteau droit de la porte d'entrée de la maison et des pièces d'habitation. Il est dirigé obliquement, au tiers supérieur du poteau. Par une ouverture pratiquée dans l'étui, se lit le mot *chaddaï*, inscrit au dos du parchemin qui, au recto, porte le texte du Deutéronome VI, 4 à 9, et XI, 13 à 21.

Pas plus que les *tefilline*, que traduit mal en français le mot, d'origine grecque, de phylactères (φυλάττω = garder, protéger), la *mezouza* n'a valeur de talisman. On aurait pu s'y méprendre en constatant l'usage, d'origine sans doute superstitieuse, mais dépourvu de toute signification religieuse, qui suspend au cou des personnes des deux sexes un modèle réduit de *mezouza*.

CHAPITRE II

LA PRIÈRE

I. Quelques généralités.

De tout temps, l'homme a éprouvé le besoin de prier. A l'origine, peut-être n'exprimait-il qu'un balbutiement, ce n'en était pas moins une prière. On a pu dire qu'elle était la pierre de touche de toute religion ou piété, l'acte permettant, par excellence, de les caractériser et comme de les jauger. N'est-elle pas l'expression la plus fidèle de la foi et de la confiance, le plus sûr moyen de communion entre la créature et son Créateur ? Celui-là seul s'adresse à Dieu qui croit en Lui, en Sa volonté, en Son pouvoir de secourir.

Bien que le judaïsme soit plus qu'une religion dans l'acception habituelle de ce terme, la prière n'y occupe pas moins une place essentielle. « *Grande est la prière, ce service du cœur* », disent les Rabbins du Talmud. N'est-elle pas supérieure aux sacrifices, supérieure même, selon certains, aux bonnes œuvres ? Si le plus grand titre d'Israël à la gratitude de l'humanité est de lui avoir transmis la Parole divine, il lui a enseigné également à rechercher Dieu et à Lui parler : on a pu appeler la Bible le « Livre de la Prière », et le peuple dont elle a exprimé et façonné l'âme le « Peuple de la Prière ». Elle en renferme en toutes ses parties, et souvent d'admirables : prière du serviteur Eliézer au puits (Gen., XXIV, 12 et ss.), de Jacob plein d'angoisse avant sa rencontre avec Esaü ; chant de gratitude de Moïse et d'Israël au bord de la mer Rouge (Ex., XV) ; intercession de Moïse en faveur du peuple pécheur (Ex., XXXIV, 4 et ss.) ; supplication, d'une brièveté et d'une ferveur pathétiques, pour sa sœur Miriam : « O Seigneur, guéris-la donc ! » (Nomb., XII, 13) ; prière de 'Hanna, épanchant son chagrin, puis, exaucée, exprimant sa reconnaissance dans un chant d'action de grâces (I Sam., I, 11) ; repentir de David (II Sam., XXIV, 4) ; invocation de Salomon lors de l'inauguration du Temple (I Rois, VIII) ; prière d'Elie au mont Carmel (I Rois, XVIII, 36) ; supplication du roi Ezéchias, malade, implorant sa guérison (II Rois, XX, 3). Il faudrait enfin citer tout le Psautier, « religion mise en paroles, dépassant les limites du temps et de l'espace, liturgie du cœur humain », en qui les hommes ont retrouvé l'expression la plus intime de leurs craintes, de leur foi, de leurs espoirs.

L'élan de sincérité commun à toutes ces prières, la ferveur profonde, la *kavana* avec laquelle le suppliant s'approche sans intermédiaire de la

Divinité et épanche son âme, caractérisent encore aujourd'hui la vraie prière juive. Cependant, cette effusion du cœur possédé du besoin irrésistible de s'exprimer n'en est pas l'unique aspect, ni même, sans doute, le caractère primordial. Les noms, dit-on, révèlent l'essence des choses. Or il existe dans la Bible de nombreux termes pour désigner la prière, chacun d'eux recouvrant une autre connotation. Ainsi, entre autres, *te'hina, sia'h,* définissent celle qui jaillit librement des profondeurs de l'être, qui répand devant Dieu sa supplication. Le substantif le plus courant, *tefilla,* appartient à la racine *pallal,* « juger » ; *hitpallel,* « prier », signifie donc surtout « rentrer en soi-même », « se juger ». *Tefilla* n'est, par conséquent, pas essentiellement expression de sentiments, mais confrontation avec des vérités extérieures que l'âme ne possède pas encore, mais qu'elle se sent avide d'acquérir. Les prières rituelles, obligatoires, sont, au premier chef, des sources d'enseignements dont elles veulent éveiller en nous la connaissance, ou la ranimer, la fortifier, la maintenir. Contrairement à l'opinion courante, la nécessité de la prière s'impose à nous d'autant plus que nous en ressentons moins l'envie. Elle apparaît ainsi comme un véritable examen de conscience qui purifie l'homme et contribue à opérer en lui une réelle régénération.

C'est de cette manière, d'ailleurs, que l'on peut également résoudre le problème de l'efficacité de la prière. Sans doute, si nous adressons à Dieu nos supplications, nous pensons qu'Il nous écoute, qu'Il pourra nous exaucer, nous espérons même, au besoin, agir sur Lui, L'influencer, parvenir à modifier Ses dispositions à notre égard. Certains textes du Talmud ou de la liturgie nous confirment en ce sentiment intime, en cette conviction de l'utilité de notre imploration. « La *tefilla* est plus puissante que les armes » (*Mekhilta*, XIV, 10), elle peut annuler les décrets défavorables. « La prière des justes ressemble à une fourche ; comme la fourche retourne le foin, la prière retourne les dispositions de Dieu, Lui fait quitter le trône de Rigueur pour le trône de Miséricorde » (Soukka, 14 *a*). En fait, ce n'est pas de Dieu seul que l'on doit attendre le changement, mais aussi et surtout de l'homme qui, par son oraison, se purifie, s'ennoblit, s'élève de degré en degré jusqu'à se rapprocher de Dieu et se renouveler constamment. N'est-ce pas en ce sens que l'on peut expliquer que, pour nos Sages, la prière-type, idéale, soit celle que Moïse adresse à Dieu au seuil de la Terre Sainte, en vain, puisqu'elle ne sera pas exaucée. Si la *tefilla* vise essentiellement à hausser l'âme vers la Divinité par la connaissance de Sa volonté, chaque oraison porte en elle-même sa réponse. Dès le moment où le fidèle voit sa supplique rejetée, pourquoi s'y cramponnerait-il ? Elle ne peut plus exprimer sa volonté et son désir, puisqu'elle ne représente pas celle de son Créateur. Ce n'est que dans une perspective superficielle que son vœu semble inexaucé ; en vérité, agréée ou refusée, la prière a réalisé son but : elle a rendu sensibles la Présence et la Volonté de Dieu.

II. La prière en commun.

A côté de la prière individuelle, s'est développée également, au cours des temps, une prière collective aux formules préétablies, destinée à être récitée en commun, à des moments déterminés ; elle est cependant aussi obligatoire pour l'individu qui ne peut assister à l'office public. Cette institution, dont l'origine remonte très loin, a toujours été considérée en Israël comme un de ses trésors religieux les plus importants. Maints versets bibliques en attestent l'existence et en ordonnent la pratique. « Dans les Assemblées, bénissez Dieu, le Seigneur, de la source d'Israël » (Ps. LXVIII, 27). « Affluence nombreuse, honneur pour le Roi » (Prov., XIV, 28). « Mon pied foule un chemin tout droit : dans les assemblées, je veux bénir le Seigneur » (Ps., XXVI, 12). Les Rabbins du Talmud en soulignent la valeur : « Qu'appelle-t-on heure propice à la prière ? demande R. Yo'hanan au nom de R. Simon b. Yo'haï. C'est l'heure où la communauté prie. » « Dieu ne repousse pas la prière publique », est-il dit (Job, XXXVI, 5). « La prière commune est toujours exaucée » (Berakhoth, 8*a*). Elle constitue, en effet, un lien puissant entre les membres de la communauté dont elle réalise l'unité. Intégrant sa prière dans le faisceau de toutes les autres, l'individu y trouve une expression plus vive, plus ardente aux sentiments divers qui peuvent l'agiter, cependant que lui-même ressent plus intensément dans sa personne les événements qui touchent l'ensemble de la collectivité. Mais c'est surtout son universalité qui confère à la *tefilla* un retentissement incomparable : dépassant les frontières de l'espace et du temps, elle relie le fidèle aux Juifs du monde entier comme aux générations passées dont les mêmes mots, déjà, véhiculaient et traduisaient la foi et la piété. La langue dans laquelle elle s'exprime, l'hébreu, a joué à cet égard un rôle de premier plan. Bien que, légalement parlant, il soit permis de prier en toute langue, l'Israélite a cependant toujours préféré employer, pour sa prière, celle de la Révélation, de la Tora et des Prophètes, riche de résonances mystiques, ce qui l'a, elle-même, préservée du dessèchement et a certainement facilité sa résurrection actuelle. Aussi certaines tentatives, vieilles d'un siècle, qui ont abouti à introduire dans l'office public la langue du pays, dans le but, par ailleurs compréhensible, de répondre aux aspirations de fidèles devenus ignorants de leur tradition, semblent avoir méconnu la nature profonde de la prière juive et risquent de provoquer une brisure dans l'unité du peuple juif.

Expression de l'âme du Peuple unique, sa prière en possède la merveilleuse unité. Elle est l'habit lumineux dont se revêt, dans son dialogue avec Dieu, l'âme d'Israël, éternellement une, sous des formes multiples et changeantes.

III. Le miniane.

La prière dite publique exige un quorum de dix hommes, le *miniane* ; un garçon ayant atteint la majorité religieuse, soit treize ans révolus, peut y être compté. La direction effective en est assurée par le ministre-officiant *'hazzane* ou *chelia'h-tsibbour* « délégué de la communauté », titre indiquant déjà la mission qui lui est dévolue. Assisté parfois par un chœur, c'est lui qui guide et entraîne l'assemblée, dont le rôle ne doit cependant pas se réduire à celui d'un auditoire passif. Indépendamment de certaines parties toujours récitées à voix basse, elle intervient fréquemment par des répons, dont les plus connus sont le Amen, qui accueille et confirme chaque bénédiction prononcée par le *'hazzane*, et les formules de la *qedoucha*, « Sanctification ». Quelques offices, en particulier ceux de *roch hachana* et *kippour*, deviennent de véritables dialogues entre l'officiant et l'assemblée, grâce à la récitation du rituel à haute voix alternée, phrase par phrase ou verset par verset, dans la mélodie appropriée au caractère de ces jours. Certaines prières, telles que le *Qaddich*, caractéristiques de la prière publique, ne peuvent être dites qu'en présence d'un *miniane*.

IV. La synagogue.

C'est à la synagogue que se célèbre généralement le culte public. Remontant dans son principe à la Tente d'Assignation du désert et au Temple qui lui a succédé, elle a, de tout temps, constitué le centre spirituel de la *qehilla*, de la communauté. La naissance et le développement de cette institution, modèle des futures églises et mosquées, « une des contributions les plus importantes d'Israël à la civilisation », datent de l'exil babylonien, de l'époque du Second Temple, puis de celle de sa destruction, lorsque les nécessités de l'heure forcèrent le judaïsme à exister sans culte sacrificiel[1]. La prière, qui avait accompagné les sacrifices, les remplaça désormais. « Nous offrirons, au lieu de taureau, l'hommage de nos lèvres » (Osée, XIV, 3). Comme son nom l'indique, *beth hakenesseth*, « lieu de réunion » (cf. le *beth 'am* de Jérémie, XXXIX, 8), la synagogue était plus qu'un lieu de prière ; elle cherchait en même temps à satisfaire tous les besoins spirituels de la communauté en tant que « maison d'étude », *beth hamidrach* ; sa désignation, d'origine allemande, sous le nom de « schul », est encore caractéristique à cet égard.

Les différences d'ordre architectural ou ornemental mises à part, toutes les synagogues présentent à peu près la même disposition. Orientée vers Jérusalem, accotée au mur du fond, voici l'« Arche sainte », *Arone haqôdech*, couverte de son « rideau » brodé *(parokhet)* qui renferme les « rouleaux de la Loi » *(sefer Tora)*. Attachés par

1. Voir BARON, *Histoire d'Israël*, tome I, note p. 484.

un ruban ou par une *mappa*[1], ils sont revêtus d'un manteau de velours ou de soie diversement orné. Leurs parures consistent généralement dans le *kether*, « couronne » d'argent fixée au sommet des « montants » *(ets 'haïm)*, une « plaque » d'argent *(tass)* semblable à celle que le grand-prêtre portait sur la poitrine, et une « main » d'argent *(yad)* dont on se sert pour suivre la lecture du *sefer Tora*. Quant au rouleau lui-même, il est fait de parchemins, cousus ensemble et aux montants de bois, entièrement écrits à la main, sans voyelles et sans accents musicaux.

Chez les *Sefaradim*, les rouleaux sont souvent emboîtés dans des étuis de bois sculpté ou de métal ciselé, qui les maintiennent de telle sorte qu'ils peuvent être lus dans la position verticale.

Suspendue au plafond, une « lampe », *ner tamid*, reste « constamment » allumée, symbole de la lumière éternelle de la Tora.

Au pied de l'Arche sainte s'élève le « pupitre » *('amoud* ou *teba)*, devant lequel se tient le *'hazzane*. L'usage traditionnel veut que se dresse, au centre de l'édifice, une « estrade », la *bima* (du grec Bêma), appelée encore *almemor* (de l'arabe Al-Minbar), d'où se lit la Tora. Semblable à l'autel qui se trouvait au milieu du temple, la *bima* rappelle aussi l'Arche sainte du désert qui, placée rigoureusement au centre du camp, répandait éga-

1. La Mappa, dans le rite Achkenaz, est faite avec un lange utilisé au moment de la circoncision. Elle porte, accompagnés de pieux souhaits, le nom et la date de naissance de l'enfant.

lement, sur les tribus rangées autour d'elle, la lumière de la Tora qu'elle contenait. Cette disposition se retrouve dans toutes les vieilles synagogues, et nombre d'autorités religieuses protestèrent, au siècle dernier, lorsque, contrairement à l'usage antique, on voulut fixer la *bima* en avant, près de l'Arche sainte.

Mais ce fut surtout, il y a un peu plus d'un siècle, l'introduction de l'orgue par les partisans de la réforme du judaïsme qui souleva l'opposition la plus vive dans les milieux religieux. Ils arguaient, en particulier, que depuis la destruction du temple, il est défendu d'accompagner la prière par de la musique instrumentale, sauf pour un mariage ; qu'il est interdit de jouer ou de faire jouer d'un instrument le Sabbat et les jours de fête ; que cette innovation constituait manifestement une imitation d'autres cultes ; que la musique troublait la véritable ferveur religieuse. Les promoteurs de l'orgue y voyaient un moyen pour éveiller la ferveur des fidèles et rehausser la dignité de l'office. N'est-il pas amusant, à ce propos, de relever sous la plume de François Mauriac les lignes suivantes : « Ce matin, dans l'église de Zermatt, quelqu'un jouait de l'orgue et je me suis souvenu de ce que m'a dit un jour Roland Manuel : qu'il n'aimait pas cet instrument qui a la prétention de prier à notre place » *(Express,* 10-8-56).

V. Le rituel.

A) *Les trois prières journalières.*

Le livre de prières d'Israël, *Siddour* ou *Séder tefilla*, tel qu'il se présente à nous aujourd'hui, n'est pas l'œuvre d'un seul homme. Il est, comme la Bible et le Talmud, le résultat de la lente élaboration de nombreuses générations. Ce furent les membres de la Grande Assemblée qui en jetèrent les bases. Durant plusieurs siècles, les Rabbins du Talmud continuèrent cette tâche. Une première collection complète en fut réalisée par R. Amram Gaon, directeur de l'école de Soura, en Babylonie, de 869 à 886. Contenant les prières de toute l'année, ainsi qu'une description détaillée des cérémonies et usages religieux, elle constitue, en ses grandes lignes, la charpente de notre Rituel. Des divergences apparurent, en effet, au cours des temps, lorsque chaque génération, suivant ses besoins et ses sentiments, modifia plus ou moins l'ancien usage, adoptant certaines prières, en abandonnant d'autres.

Des différences existent, d'autre part, dans le rite juif suivant les pays, les provinces, les villes même, concernant non seulement le Rituel de prières, mais aussi la prononciation de l'hébreu et maints usages de la vie religieuse. On distingue essentiellement le rite dit allemand *(achkenaz)* d'Europe occidentale et centrale, à l'origine ; le rite dit polonais qui en constitue une variante ;

le rite dit espagnol ou portugais *(sefarad)* qui présente également certaines variétés selon les régions du bassin méditerranéen, où il s'est répandu. Citons encore le rite comtadin qui intéresse particulièrement le Midi de la France.

Dans le culte synagogal, les différences les plus sensibles concernent la lecture des *pyoutim*, poèmes religieux, récités lors des fêtes, des jeûnes ou à certaines occasions.

L'heure de la prière constitue, a-t-on dit, pour le fidèle « le noyau, le fruit de son temps » ; les trois prières quotidiennes « le fruit de sa journée et de sa nuit » (Kouzari, III, 5). L'origine de ces dernières remonte certainement à l'époque biblique : « *Je crie vers Dieu et le Seigneur me délivre. Soir, matin, midi, je veux gémir et soupirer. Il entend ma voix* » (Ps., LV, 17-18). On rapporte de Daniel « qu'il avait dans sa chambre supérieure des fenêtres ouvertes dans la direction de Jérusalem, et trois fois par jour il se mettait à genoux, priant et rendant grâce à Dieu, tout comme il avait fait auparavant » (Dan., VI, 11). Selon l'Amora palestinien R. José b. Hanina, c'est même aux patriarches qu'il faut attribuer l'initiative de cette institution : « Abraham a fixé la prière du matin (Gen., XIX, 27), Isaac celle de l'après-midi (Gen., XXIV, 63) et Jacob celle du soir (Gen., XXVIII, 11 » (cf. Berakhoth, 26 *b*). Quant à R. Josué b. Lévi, autre Amora palestinien (première moitié du IIIe siècle), il est d'avis que les trois moments de la prière correspondent aux heures des sacrifices journaliers. Il est certain qu'ils ont été déterminés aussi par les services religieux des *ma'amadoth,* représentants délégués par tout Israël pour accompagner de leurs prières l'offrande des sacrifices et qui se réunissaient, à cet effet, quatre fois par jour (Michna Ta'anith, IV, 2-4).

Ces trois offices quotidiens obligatoires présentent, dans leurs grandes lignes, la même disposition, et peut-on dire, un noyau invariable.

a) CHA'HARITH, LA PRIÈRE DU MATIN, comporte, dans sa forme actuelle, cinq parties principales :

1) « Les bénédictions du matin », introduites par *Adone'Olam,* hymne à Dieu Créateur de l'Univers, commencent par la prière : « *Mon Dieu, l'âme que Tu as mise en moi est pure. Tu l'as créée, Tu l'as formée, Tu me l'as insufflée. Tu la conserves en moi, c'est Toi qui me la prendras (à ma mort) et qui me la rendras un jour. Tant que cette âme sera en moi, je Te rendrai grâce, Eternel mon Dieu et Dieu de mes pères, Maître de toutes choses, Souverain de toutes âmes. Béni sois-Tu, Eternel, qui rends leur âme aux cadavres.* » « La bénédiction de la Tora » précède quelques extraits de la Loi écrite et orale, relatifs au culte des sacrifices : ils nous rappellent, d'emblée, que toute notre existence doit être consacrée au service de Dieu.

2) Les *pessoukè de Zimra,* versets ou cantiques tirés essentiellement des Psaumes, encadrés par deux bénédictions, *baroukh chéamar* et *yichtaba'h.*

3) Les trois paragraphes du *Chema'* avec leurs bénédictions *(yotser or, ahava raba* et *emeth*

veyatsiv). Cette troisième partie est précédée du *qaddich* de l'officiant.

4) Le *Chemoné Essrè*, « 18 » bénédictions, appelé encore *Tefilla* ou *'Amida*, forme la partie centrale et le point culminant de *Cha'harith.* Les six bénédictions initiales et finales, immuables, formules de louange et actions de grâces, encadrent en semaine treize formules de supplications qui s'achèvent, elles-mêmes, en bénédiction [1]. Le *Chemoné Essrè* est d'abord récité à voix basse par tous les membres de la communauté, debout, pieds joints, tournés vers Jérusalem, puis répété à haute voix par l'officiant : la troisième bénédiction s'amplifie alors en une *qedoucha* (Is., VI, 3 ; Ez., III, 12 ; Ps., CXLVII, 10), à laquelle l'Assemblée s'associe par ses répons pour « sanctifier » le Créateur. Elle intervient également pour saluer chaque mention du Nom divin d'un « *baroukh hou ouvaroukh chemo* » (« Béni soit-Il et béni soit Son Nom »), pour conclure par *Amen* les bénédictions, et enfin pour une action de grâces au début de la dix-huitième *(modim derabbanane).* Alors s'insère, dans la dix-neuvième, la *birkath kohanim*, « bénédiction sacerdotale ». Jadis, au temple de Jérusalem, à la fin de l'offrande de l'holocauste quotidien du matin, les prêtres, placés sur une estrade spéciale, le *doukhane*, bénissaient le peuple suivant la formule (Nomb., VI, 24-27) : « Que le Seigneur te

1. Une 19e bénédiction fut intercalée plus tardivement, après que le nom de cette prière eut été définitivement fixé.

bénisse et te protège. Que le Seigneur fasse rayonner Sa face vers toi et te soit favorable. Que le Seigneur tourne Sa face vers toi et te donne la paix ! » L'obligation pour les Kohanim, descendants d'Aaron, de bénir ainsi le peuple une fois par jour fut maintenue après la destruction du sanctuaire. Tandis que l'usage s'est perpétué tel quel en Eretz Israël et d'autres contrées d'Orient, dans nos pays c'est le *'hazzane* qui récite simplement la formule traditionnelle à la fin de la « Répétition du *Chemoné-Essrè* », et la cérémonie du *doukhane* ne se pratique plus dans sa pleine solennité que les jours de fête à l'office supplémentaire, le *moussaf*. Après s'être déchaussés, les actuels descendants d'Aaron laissent, comme jadis, aux représentants de la tribu de Lévi l'honneur et le soin de leur verser sur les mains l'eau purificatrice. Puis, montant sur l'estrade devant l'*arone haqodèch*, ils se tournent vers la communauté pour « louer » Celui qui les « a sanctifiés par la sainteté d'Aaron » et leur « a ordonné de bénir son peuple Israël avec amour ». Le *tallith* couvre leur visage et leurs mains étendues aux doigts écartés lorsqu'ils répètent les paroles traditionnelles que leur dicte l'officiant, mot par mot, sur la mélodie particulière à chaque fête.

5) Le *Ta'hanoun*, supplication journalière (II Sam., XXIV, 14 ; Ps., VI), souvenir des temps douloureux de l'histoire d'Israël.

Après la récitation du Psaume VI, on chante l'invocation :

« *Gardien d'Israël, garde le reste d'Israël ; ne*

laisse pas périr Israël qui proclame « Chema' Israël » !

« *Gardien du peuple unique, garde le reste du peuple unique ; ne laisse pas périr le peuple unique qui proclame l'unité de Ton Nom « Le Seigneur est notre Dieu, le Seigneur est Un !* »

« *Gardien du peuple saint, garde le reste du peuple saint ; ne laisse pas périr le peuple saint qui proclame Ta Sainteté : « Saint, Saint, Saint...* ».

« *Toi que la miséricorde apaise et que la prière fléchit, laisse-Toi apaiser et fléchir par une génération malheureuse, car il n'y a point de secours.* »

Enfin, pour conclure, quelques prières terminales (Ps. CXLV *(Achrè), Qedoucha Desidra, 'Alenou,* psaume du jour).

Considérablement amplifié par d'autres *Ta'hanounim,* le lundi et le jeudi, le *Ta'hanoun* est, par contre, supprimé tous les jours qui présentent un caractère de fête pour être remplacé, à l'occasion, par le *Hallel* (Ps. CXIII à CXVIII), psaumes de louange et de glorification de Dieu.

Les lundis et jeudis, jadis jours de réunions à caractère surtout commercial et juridique en Israël, on lit dans la Tora le premier paragraphe de la *Sidra* de la semaine. (Voir plus loin le Sabbat.)

b) 'MIN'HA, LA PRIÈRE DE L'APRÈS-MIDI, introduite par le Psaume CXLV *(Achrè)* (plus exactement Ps. LXXXIV, 5 ; CXLIV, 15 ; CXLV, CXV, 18), comprend essentiellement le *Chemoné Essrè,* récité à voix basse, puis répété à haute voix par le *'hazzane.* Comme le matin, elle se termine par l'hymne de *'Alènou.*

Le temps habituel de cet office est la partie de la journée commençant à la moitié de la dixième heure *(Min'ha Qetana)*. On peut le réciter cependant dès la moitié de la septième heure *(Min'ha Guedola)*[1].

Remplaçant l'antique sacrifice journalier « entre les deux soirs », interrompant l'homme dans sa tâche quotidienne, la prière de *Min'ha* exige ainsi de lui un effort particulier, en l'arrachant à ses préoccupations matérielles pour le rapprocher de Dieu.

Cependant, on la fixe souvent dans nos communautés une heure ou une heure trente avant la nuit, pour la faire suivre immédiatement de la prière de *Ma'ariv*.

c) MA'ARIV (OU 'ARBITH). La journée commence par la prière ; par elle, elle s'achève. « Et Lui, plein de miséricorde, pardonne les fautes. Il ne consomme pas la destruction ; souvent Il retient Sa colère, Il ne déchaîne pas tout Son courroux. Seigneur, viens à notre secours ! Que le Roi nous exauce le jour où nous l'invoquons » (Ps. LXXVIII, 38 et XX, 10). Ainsi débute la prière du soir qui comporte les trois paragraphes du *Chema'*, précédés de deux bénédictions et suivis de trois, et le *Chemoné Essrè*. A l'instar des autres offices, elle se termine par *'Alènou*.

1. Les 12 heures du jour sont comptées depuis le lever du soleil jusqu'à son coucher, les heures étant de plus de 60 minutes durant l'été, et plus courtes l'hiver.

B) *Le Qaddich.*

Cette prière, rédigée en araméen, à l'exception de la dernière phrase, occupe une place importante dans la liturgie. Il semble qu'à l'époque talmudique on le récitait, sous forme de courte supplique, après l'étude. Actuellement, il ponctue la fin de passages importants de l'office et clôt la lecture de la Tora ; les orphelins le disent à l'issue de la prière pendant l'année de deuil et au jour anniversaire de la mort des parents. De là vient la dénomination erronée de « Prière des morts » qui lui a été conférée. Rien, dans son texte, ne rappelle la mort. Il exprime la soumission à la Volonté divine et l'amour de Dieu, et, dans la bouche de l'homme touché dans ses affections, il témoigne du désir de se hausser, par-delà la douleur et la plainte, vers une sérénité paisible et créatrice, soulageant la peine, génératrice de bonté et de générosité.

Que Son Nom si grand soit magnifié et sanctifié dans le monde qu'Il a créé selon Sa Volonté ! Qu'Il fasse venir Son Règne pendant votre vie et de vos jours et du vivant de toute la Maison d'Israël, que ce soit bientôt et en un temps proche, et dites Amen.

Que le Nom du Saint béni soit-Il soit loué, célébré, élevé, glorifié, exalté, honoré, sublimé, vanté ! Il est au-dessus de toute bénédiction, de tout chant, de toute louange et de toute consolation que nous pouvons exprimer en ce monde, et dites Amen.

Puissent les prières et les supplications de tout Israël être agréées par son Père qui est aux cieux, et dites Amen [1].

Puissent une grande paix, émanée du ciel, et la vie nous advenir à nous et à tout Israël, et dites Amen.

Que Celui qui fait la paix dans les hauteurs la fasse sur nous et sur tout Israël, et dites Amen.

1. Ce paragraphe est omis dans le Qaddich des orphelins. Après une étude, il est remplacé par un autre passage.

CHAPITRE III

L'ÉTUDE

Dans beaucoup de communautés, il est d'usage que le rabbin, à l'issue de l'office, fasse un *limmoud,* un « *lernen* », explication de texte talmudique ou midrachique. Il donne ainsi l'occasion à ceux que leurs occupations professionnelles absorbent la journée durant de consacrer un moment à l'étude de la Tora. Devant l'impossibilité de réaliser dans sa plénitude la prescription du verset (Jos., I, 9) : « Tu la méditeras jour et nuit », bonheur qui ne peut être réservé qu'à quelques rares élus, les rabbins du Talmud ont permis de s'en acquitter en s'imposant une *qevi'outh,* en se « fixant » des heures régulières pour l'étude de la Tora. Ce n'est là évidemment qu'un pis-aller. S'il est une *mitsva* qui ne devrait pas connaître de limites, qui mériterait qu'on lui consacre chaque instant de son existence, n'est-ce pas ce devoir à double sens de *Talmoud-Tora,* « l'étude et l'enseignement de la Tora », exprimé dans le verset du *Chema'* : « Tu les enseigneras à tes enfants et tu parleras d'elles (des paroles de la Tora) assis dans ta maison, marchant sur le chemin, à ton coucher et à ton lever » ? « Elles sont notre vie et la prolongation de nos jours... » La Tora est l'essence, la substance même de la vie d'Israël, porteur vivant de la Parole divine, mais porté aussi par elle. Nombreuses sont les sentences talmudiques par lesquelles les rabbins ont essayé d'inspirer aux fidèles la conscience de l'importance fondamentale de l'étude. Sauver la vie du prochain, participer à la reconstruction du Temple, respecter ses parents, peut-on concevoir devoirs plus hauts ? L'étude de la Tora l'emporte pourtant sur eux (Meguilla, 16 *b*). Elle est supérieure à la prière, supérieure aux sacrifices ; au-dessus des couronnes de la Royauté et du Sacerdoce, se tient la Couronne de la Loi (Avoth, IV, 13). Voici d'ailleurs le célèbre passage dans lequel Maïmonide résume cette conception :

« *Tout homme en Israël est astreint à l'étude de la Tora, qu'il soit pauvre ou riche, bien portant ou malade, jeune ou vieux ; même s'il est pauvre au point de recourir à la charité publique, même s'il est père de famille nombreuse, il doit se fixer un temps pour l'étude de la Tora, le jour et la nuit... Parmi les grands maîtres d'Israël, il y avait des bûcherons et des porteurs d'eau, il y avait même des aveugles, et cependant ils étaient occupés jour et nuit à l'étude de la Tora et comptent parmi les Maîtres de la Tradition dont la chaîne remonte de génération en génération à Moïse notre Maître. Jusqu'à quand est-on astreint à l'étude de la Tora? Jusqu'au jour de la mort, car il est dit : « Prends garde que ces paroles ne s'écartent de ton cœur le jour et la nuit.* » (Hilkhoth Talmoud Tora.)

En fait, jusqu'à un passé encore proche de nous, les parents juifs, fidèles à leur rôle essentiel d'inculquer à l'enfant l'amour de Dieu et le respect de Ses commandements, y consacraient tous leurs soins. Cet enseignement religieux se pratiquait ainsi de deux manières : au foyer et à l'école. Dans la famille, on procédait à l'initiation religieuse de l'enfant qui, par l'accomplissement progressif de tous les rites, était introduit au cœur même du judaïsme et, pour ainsi dire, pétri de religion. A l'école, il apprenait la théorie, fortifiait sa foi en la rendant plus consciente. D'échelon en échelon, du *'Héder* à la *Yechiva,* il pouvait s'élever jusqu'à embrasser et dominer toute la science sacrée.

Voici la coutume en usage chez nos Sages, lorsqu'ils amenaient leurs enfants à l'étude de la Tora... On écrivait les lettres sur un parchemin ou une tablette, on lavait l'enfant et l'habillait de vêtements de fête ; on lui pétrissait des galettes dans du miel et du lait, on lui apportait des fruits et des friandises et on le remettait à un maître pour le conduire au *Beth Hamidrach.* On lui donnait à manger toutes ces galettes et friandises ; ensuite on lui faisait lire les lettres, puis on les recouvrait de miel et on les lui faisait lécher ; après quoi on le ramenait à sa mère. Lorsqu'il commence à étudier la Tora, c'est par le Lévitique que l'on débute. On lui fait un repas de fête, car c'est comme si son père le présentait devant le

Mont Sinaï. La Tora dit : « Que chaque jour les paroles de la Tora t'apparaissent comme si elles t'avaient été données le jour même, car il est écrit « aujourd'hui » *(hayom)* et non « en ce jour ».

Les fruits et les friandises rappellent les « délices » qu'Israël a reçues en partage dans le désert, la manne, l'eau du puits, les cailles. Les galettes de miel et de lait, « Il l'a nourri du miel du rocher » et « lait et miel se trouvent sous ta langue ». Nos Sages ont dit qu'il faut commencer par l'étude du Lévitique, car le Saint, bénit soit-Il, a dit : « que viennent les purs pour s'occuper des choses pures, et Je vous l'impute comme si vous m'offriez des sacrifices ».

On fait conduire l'enfant à l'école par un maître, car Dieu lui-même pour le don de la Tora s'est adressé à Moïse, très grand et très humble. Et c'est ainsi que la Tora sera maintenue pour les générations, comme les actions des Justes se maintiennent à jamais. On enduit les lettres de miel et les lui fait goûter, afin que les paroles de la Tora soient aussi douces pour lui que le miel. (ORE'HOTH 'HAYIM, MEQITSÉ NIRDAMIM, p. 24.)

S'il est exact qu'aujourd'hui la famille israélite ne remplit plus que trop rarement sa mission, il faut cependant noter que, même à l'heure actuelle, il ne se trouve sans doute aucun autre peuple au monde aussi soucieux de l'éducation et de l'instruction de la jeune génération. *Mutatis mutandis*, la Communauté s'efforce de créer et de développer des établissements religieux correspondant aux différents âges et niveaux de culture. A côté de ces institutions qui font nécessairement plus ou moins de place aux méthodes et aux disciplines modernes, se perpétue également la tradition de ces anciennes *Yechivoth*, dans lesquelles on se consacre entièrement, exclusivement, à la

Tora ; c'est là que le *Talmid*, l'étudiant, peut en boire l'eau vive dans sa source la plus pure, la moins altérée.

Mais, indépendamment de ces institutions spécialisées qui s'adressent aux jeunes, le juif fidèle continuera à étudier, sans cesse, sa vie durant — l'étude constitue, pour ainsi dire, la trame de son activité, qui guide ses pensées, inspire ses décisions, commande ses actes. Elle est son souffle de vie.

Si parfois tu vas seul dans la nuit, par les rues de ces villes sacrées, à l'heure où brillent les étoiles, où les herbes murmurent et où soufflent les vents, ton oreille entendra une voix s'agitant, et tes yeux verront de loin, au carreau d'une fenêtre, une lumière qui étincelle, et derrière la lumière, une image de forme humaine formée comme l'ombre d'un mort, et qui remue et se balance, avec un bruit de craquement, que portent jusqu'à toi les vagues du silence...

Et, depuis la nuit du matin jusqu'à la nuit de minuit, il reste là debout, planté comme un clou. C'est là qu'il mangera, c'est là qu'il veillera : qu'est-ce qu'un rocher obstiné, auprès d'un enfant juif qui apprend la Tora ? « Oh ! oh ! dit Rabba. Oh ! oh ! oh ! dit Rabbi... » L'aube et le jardin, et l'odeur des champs, comme des oiseaux se sont envolés : la terre n'est plus, le ciel est perdu... « Oh ! oh ! dit Rabba, oh ! oh ! dit Abbaïe... » Est-ce ici la maison où s'est formée l'âme d'un peuple ? la source de son sang qui lui verse la vie ? la flamme et la chaleur qui le font éternel ?

N'ai-je pas vu luire un sourire, là-haut, sur l'arche sainte, qui contient la Tora ? Et n'ai-je pas ouï la voix d'un juste, lumière murmurant tout bas : « Dieu prend plaisir à la buée sortant des lèvres de l'enfant qui apprend la Tora. » (Extrait du *Matmid*, de Bialik, d'après l'Anthologie de Fleg.)

CHAPITRE IV

LE ROLE DE LA FEMME

I. Dispenses.

Si l'on se rend en semaine à la synagogue, on n'y verra que peu ou pas de femmes, et encore ne fera-t-on que les apercevoir ou les deviner, car elles se trouvent, le plus souvent, reléguées dans la *'Ezrath Nachim*, galerie au premier étage, ou de plain-pied, mais dissimulée par un rideau. On remarquera qu'elles ne portent ni *tallith* ni *tefilline* et qu'elles ne participent extérieurement en aucune façon à l'office. Et l'on en conclura, trop rapidement, que le judaïsme n'a aucune place pour elles, qu'il ne leur accorde qu'un rôle insignifiant, qu'à ses yeux elles ne comptent pas.

Cependant le culte public n'est pas l'essentiel dans la religion juive, et malgré diverses recommandations de nos Sages — « Ne te sépare pas de la communauté », « Expatrie-toi pour te rendre en un lieu où l'on enseigne la Tora » (Avoth), —

il est possible à l'Israélite de pratiquer fidèlement dans un endroit dépourvu de coreligionnaires. C'est de la cellule familiale que la vie juive dépend, c'est là qu'est réservé à la femme un rôle d'une importance extrême, celui de la « pierre angulaire » soutenant l'édifice de la piété.

Pour permettre à la « maîtresse de maison » de se consacrer à la sanctification et au rayonnement de son foyer, la Tora l'a dispensée d'un certain nombre de mitsvoth, applicables surtout dans la vie publique, extérieure. Les travaux domestiques qui lui sont dévolus au premier chef prennent alors pour elle rang de mitsvoth, ce qui autorise l'application du principe talmudique : « Tandis qu'on s'occupe de l'accomplissement d'un commandement, on est dispensé des autres. » C'est dans cet esprit qu'il faut comprendre la bénédiction que le Juif, heureux d'être lié envers son Créateur par 613 obligations, prononce chaque matin, après L'avoir loué de ne pas l'avoir fait naître parmi les Gentils (astreints à la seule observance des sept lois *noa'hides)*, ni esclave (dispensé, du fait de sa situation sociale, d'un certain nombre de commandements) : « Béni sois-Tu... qui ne m'a pas fait femme. » Cette dernière, consciente de sa place discrètement primordiale, choisie par Dieu qui l'a tirée de la côte d'Adam pour lui être une « collaboratrice, face à lui » (Genèse, II, 18), récite alors la formule : « Béni sois-Tu qui m'as faite selon Ta volonté. »

Les lois de la Tora, d'une manière générale, s'adressent également aux deux sexes, sauf lorsqu'il est spécifié que dans tel cas particulier l'homme seul est visé (par exemple, pour le pèlerinage trisannuel au temple : « Toute personne mâle devra se présenter... »). « Ainsi tu diras à la Maison de Jacob (c'est-à-dire les femmes, d'après l'exégèse traditionnelle) et tu parleras aux fils d'Israël », ordonne Dieu à Moïse avant la promulgation du Décalogue. « Tu ne feras aucun travail (le jour du Sabbat), toi, ton fils ni ta fille... » Aussi, les 365 interdictions du Pentateuque s'étendent-elles, avec la même rigueur, à tous les Israélites adultes. Les allégements apportés à l'observance de la Loi par les femmes concernent uniquement les *mitsvoth 'assé che-hazeman guerama,* soit les commandements positifs liés dans leur application à un laps de temps défini. Cette dispense connaît deux exceptions, citées nommément par Moïse : l'obligation du pain azyme à *Pessa'h* et la participation à l'assemblée qui se réunissait jadis à Jérusalem lors de la fête de Soukkoth dans un but éducatif et édifiant *(Haqhel)*. Le port des *tefilline* et des *tsitsith,* restreint à la durée du jour, ne leur est donc pas imposé ; actuellement même, il serait considéré comme malséant de leur part de s'y soumettre. Elles ne sont pas astreintes, non plus, à « habiter dans la Soukka », mais l'usage les y autorise, pour renforcer la joie familiale de la fête. Elles se sont, par ailleurs, volontairement imposé certaines obligations auxquelles elles étaient soustraites, si bien qu'aujourd'hui — le *Minhag* ayant eu force de loi — elles leur incombent à nouveau : c'est le cas du *Chofar* et du *Loulav* (voir plus loin les chapitres sur Roch Hachana et Soukkoth). Quant aux *mitsvoth* positives du Sabbat, si les Sages leur en ont octroyé l'observance, c'est par suite d'un raisonnement « halakhique » qui les met légalement sur le même plan que les défenses concernant ce jour *(Chamor* et *Zakhor)*. Elles participent, au même titre que les hommes, au *Séder* pascal, à l'allumage des lumières de *Hanoukka* et aux manifestations religieuses de *Pourim* pour témoigner de leur reconnaissance à Dieu pour ces miracles auxquels des femmes ont été mêlées jadis et dont elles ont bénéficié.

Si la *mitsva* n'est pas liée à une époque déterminée, aucune dispense n'est prévue : ainsi la *mezouza.* Mais là encore, une exception se détache : la nécessité de l'étude ne s'appliquera pas à elles, car la Tora précise : « Vous les enseignerez (Mes paroles) à vos fils. » Cependant il a existé de tout temps en Israël des femmes savantes, sachant lire et comprendre les textes sacrés dans leur langue originale et connaissant à la perfection les *Dinim* (« lois ») qui régissent la pratique quotidienne. Toutefois « l'étude pour l'étude » ne leur est pas une *mitsva* imposée, et à ce propos il convient de citer l'adage talmudique : « *Plus grand est le mérite de celui qui observe par obligation que celui qui observe sans en avoir l'obligation.* » Enfin l'étude de la Loi orale, soit du Talmud et de ses commentaires, assimilée à un dur « combat », *Mil'hamta chel Tora,* étranger à la nature féminine, reste tenue hors de leur portée.

La prière, « ce service du cœur », leur est un devoir en tant qu'enfants de Dieu. Mais si elles assistent à l'office public, elles ne comptent pas pour le *Miniane* et ne sont pas appelées à la Tora. Pour des raisons de bienséance et pour éviter que l'âme ne soit arrêtée dans l'approche de son Créateur par une pensée trop terrestre, l'usage a séparé les deux sexes à la synagogue.

II. Devoirs particuliers.

En revanche, trois *mitsvoth* leur sont particulièrement réservées, bien que les deux premières puissent à la rigueur échoir également à des hommes : ce sont l'observance du « prélèvement de la pâte », *'Hala,* des lumières sabbatiques et des lois de pureté conjugale. Le Midrach les leur offre comme un mérite destiné à effacer la faute d'Eve qui, par sa curiosité et sa désobéissance, a porté atteinte à la vie d'Adam, « la *'Hala* du monde » (créé par un *prélèvement* de terre), a éteint sa *lumière* et versé son *sang* en le privant, comme elle-même, de la jouissance d'un Eden éternel.

La *mitsva* de *'Hala,* perpétuant un acte décrit au ch. XV des Nombres (v. 19), consiste à prélever, sur toute quantité de pâte comprenant au moins trois livres de farine, un morceau de la grosseur d'une olive qui sera livré au feu, acte accompagné de la bénédiction : « Béni sois-Tu... qui nous a sanctifiés par Tes commandements et nous as ordonné de séparer la *'Hala* de la pâte. » (Ainsi s'explique le nom de *'Hala* ou *Berches* (de l'hébreu *berakha)* donné au pain cuit spécialement à la maison pour le Sabbat et les jours de fête[1].)

Veillant à la bonne observance des lois alimentaires et sabbatiques, à la pureté de la vie familiale et à l'éducation des enfants, au devoir de l'hospitalité et à tous ceux qu'imposent la charité et l'amour du prochain *(Guemilouth 'Hassadim)* sans contrôle humain, directement sous l'œil de Dieu, la femme est garante de la piété de ceux de sa maison.

La conception sociale juive du rôle de la femme a varié suivant les temps et les lieux et elle a subi au cours des deux derniers siècles une notable évolution, parallèle à celle du monde extérieur.

En marge de ce mouvement, on peut constater l'abandon progressif des trois atouts éternels du particularisme juif : un idiome à part, un nom spécial, un vêtement différent, sans toutefois porter atteinte, bien entendu, à la défense de la Tora concernant le port de vêtements *cha'atnez*, où sont tissés ou cousus ensemble fils de lin et de laine (Deut., XXII, 11). C'est ainsi que, même parmi les plus religieux, on voit que la coutume, basée sur un verset biblique[2] et mentionnée dans le Talmud, voulant que la femme mariée cache ses cheveux, n'est pas toujours respectée. Pour lutter contre cette assimilation et témoigner par

1. Pour les deux autres Mitsvoth, voir les chapitres du « Sabbat » et du « Mariage ».

2. Du verset 18 du chapitre v des Nombres, il appert qu'il était considéré comme honteux de la part d'une femme mariée de se montrer publiquement tête nue.

un signe extérieur qu'il sait que Dieu est au-dessus de lui et qu'il n'est à son égard qu'un « infiniment petit », le Juif reste attaché fermement à l'usage du couvre-chef ; plus spécialement à l'heure solennelle de l'accomplissement d'un ordre divin, mais aussi pour être prêt à tout instant à obéir à la volonté de son Créateur et méditer Sa Loi, il garde la tête couverte.

Il s'agit de maintenir vivantes à tout prix à la maison, à la synagogue, dans l'activité professionnelle, les trois vertus sociales traditionnelles : humilité *(bayechanim)*, bonté *(ra'hmanim)* et hospitalité *(gomelè 'hassadim)*.

CHAPITRE V

LE REPAS

I. Généralités.

Plus que la synagogue, nous l'avons dit, la maison se révèle comme le centre de la vie religieuse, le terrain d'élection pour l'exercice et le développement de ces vertus. *Miqdach me'at*, « sanctuaire en réduction », elle a partagé autrefois quelques-unes des prérogatives du temple, *beth hamiqdach*, puis elle en a hérité certains symboles. Ainsi la table familiale s'érige en autel domestique. Avant de s'y asseoir pour les repas, chaque convive — semblable au prêtre soumis jadis à des ablutions rituelles avant l'offrande des sacrifices — se lave les mains : geste religieux, plutôt qu'hygiénique — car il requiert au préalable une propreté rigoureuse — qui nécessite l'utilisation d'un *kéli* (« récipient ») et s'accompagne d'une bénédiction. Puis sans s'interrompre par une parole ou quelque autre action, on rompt le pain et on en consomme un morceau après l'avoir trempé dans le sel et avoir loué « Celui qui tire le pain de la terre ». « Avec chacun de tes sacrifices tu offriras du sel », est-il écrit, symbole d'immutabilité.

Le repas occupe une place importante dans l'économie de la vie religieuse. En effet, pour le juif, l'état normal, naturel, est la santé. La maladie le soustrait à l'observance régulière des pratiques. Les actes matériels qu'il accomplit, tels que manger et dormir, ont pour but de le rendre mieux apte au service de Dieu : ils deviennent alors des *mitsvoth*. Certains repas comportent même un caractère d'obligation religieuse, *se'ouda chel mitsva :* ainsi les trois repas sabbatiques, celui qui suit la cérémonie de la Circoncision ou du Rachat du premier-né, de la célébration d'une *bar-mitsva* ou d'un mariage ; la veille de *kippour*, l'acte de manger se trouve être aussi méritoire et contraignant que l'abstention de toute nourriture le lendemain, à condition qu'il soit détaché de toute jouissance ou gourmandise et exclusivement destiné à assurer au corps une meilleure résistance lors de l'épreuve du jeûne. Ce dernier exemple met en lumière ce principe du judaïsme que loin de nier l'importance du matériel, il faut le sublimer : une âme sainte dans un corps saint.

Il est notable qu'à tous les stades de la Révélation, c'est par sa soumission à des lois alimentaires que l'homme doit prouver son obéissance à Dieu. Adam n'a reçu qu'un seul commandement : la défense d'un fruit. Au sortir de l'arche, Noé se voit interdire la consommation du sang et d'un membre d'animal encore vivant. Enfin, une série beaucoup plus complète de lois alimentaires vient réglementer la vie du peuple de Dieu. Règles d'hygiène, a-t-on dit, destinées à assurer la perpétuité physique d'Israël ; respect de tabous antiques, antérieurs à la Révélation, selon d'autres ; mais en réalité séparation d'avec les peuples voisins pour éviter l'assimilation et méthode d'acquisition de la Sainteté : « *Et tu seras saint, car Moi, l'Eternel ton Dieu, Je suis saint.* »

Voici, après le vol et l'inconduite, le péché qui vient en troisième place : la transgression des lois alimentaires, qu'il s'agisse de viande ou de mélanges défendus, du mélange lait et viande, de la graisse défendue, du sang, d'aliments préparés par un païen, des ustensiles de cuisine, du vin destiné à un culte idolâtre ou récolté par un païen. Pour être intègre au regard de cette obéissance rituelle, il faut une attention minutieuse et un grand effort de volonté, en raison de notre désir de mets succulents et interdits, aussi bien qu'en raison des frais supplémentaires qu'impose la cuisine rituelle. Or, les détails de ces lois, nombreux et variés, sont soigneusement expliqués dans les livres des casuistes. S'accorder des facilités là où les Docteurs exigent la sévérité, revient à se perdre soi-même. Dans le commentaire du Lévitique nous lisons à propos du verset : « Ne vous souillez pas par elles, vous en contracteriez la souillure [1]. » « Si vous touchez à leur souillure, elle se communiquera à vous [2]. » Les aliments interdits introduisent en effet positivement la souillure dans le cœur et l'âme de l'homme au point d'en chasser et d'en éloigner la sainteté divine. Commentant le même verset, le Talmud dit : « Le péché bouche pour ainsi dire le cœur de l'homme ; il en chasse la connaissance véritable et l'esprit de sagesse que Dieu donne à

1. Lév., XI, 32.
2. Sifra sur ce passage.

ses pieux serviteurs[1]. « Car c'est Dieu qui dispense la Sagesse[2]. » Aussi l'homme devient-il, dans cet état, semblable à la bête, prisonnier de la matière, plongé dans les plaisirs grossiers de ce monde. Les défenses alimentaires sont à cet égard plus importantes encore que les autres, car l'aliment défendu, pénétrant dans le corps de l'homme y devient la chair de sa chair. Les animaux impurs, les bêtes répugnantes ne sont pas seuls défendus : la viande déclarée impropre à la consommation, bien qu'elle provienne d'une bête pure, entraîne la même souillure. A propos du verset : « Pour distinguer le pur de l'impur[3] », les Sages expliquent : « Il n'était évidemment pas utile de te dire de distinguer une vache d'un âne. Sur quoi porte donc la distinction ? Sur ce qui est pur et impur pour toi, lorsqu'il s'agit d'un cas délicat d'abattage rituel, où la décision dépend de l'épaisseur d'un cheveu[4]. » Cette dernière expression, mise par eux en fin de phrase, n'a pas d'autre but que de te rendre sensible l'essence mystérieuse de l'ordre ; il n'y a, vois-tu, que l'épaisseur d'un cheveu entre le pur et l'impur. *(Le Sentier de Rectitude,* Collection Sinaï, P.U.F., p. 75-76.)

II. Les lois alimentaires.

A) *La viande.*

La Tora consacre de nombreux versets, dans le Lévitique et le Deutéronome, à la définition et à la nomenclature des animaux à considérer comme impurs, mais elle ne procède que par allusions pour indiquer le mode d'abattage et d'élimination

1. Yoma 39 a.
2. Prov. II, 6.
3. *Lév.* XI, 46.
4. Sifra sur ce passage.

du sang, et l'interdiction du mélange des aliments lactés et carnés. C'est alors la Loi orale qui se charge d'expliquer longuement les procédés à utiliser.

Lévitique, XI, 2 et ss. : « *Voici les bêtes que vous mangerez parmi les animaux qui sont sur la terre : tous ceux qui ont le sabot fendu et qui ruminent parmi les animaux, vous les mangerez. Mais voici ceux que vous ne mangerez pas parmi les ruminants et ceux qui ont le sabot fendu : ... le lièvre, car il rumine et n'a pas le sabot fendu, est impur pour vous ; le porc, car il a le sabot fendu mais ne rumine pas, sera impur pour vous. Vous ne mangerez pas de leur chair, à leur cadavre vous ne toucherez pas ; ils sont impurs pour vous.* » Suit une longue liste d'oiseaux et d'insectes interdits : « *Ne souillez pas vos personnes par tous ces êtres pullulants... Car Moi Je suis le Seigneur votre Dieu, vous vous sanctifierez et vous serez saints, car Moi Je suis Saint.* » (Voir aussi Deut., XIV, 4 et ss.)

Deutéronome, XII, 23 : « *Seulement fortifie-toi pour ne pas manger le sang, car le sang c'est la vie, et tu ne consommeras pas la vie avec la chair.* » — « *Mais vous ne mangerez pas le sang, sur la terre vous le répandrez comme de l'eau.* » (Deut., XII, 15.)

Sont donc considérés comme impurs et interdits à la consommation, entre autres, le porc, le lapin, le cheval. Parmi eux, le porc a une place spéciale ; depuis des siècles, il symbolise l'animal défendu par excellence, celui qui inspire aux Juifs la plus vive répulsion, ce qui a particulièrement frappé l'imagination des peuples. Déjà Antiochus Epiphane (IIe siècle av.) faisait offrir une truie à Zeus Olympien sur l'autel profané du Temple de Jérusalem. Les savants du siècle dernier ont cru voir en cet animal l'objet d'un ancien tabou. La Michna (Baba Kama, 82 *b*) souligne l'interdiction concernant son élevage : « Il est interdit d'élever des cochons, en quelque pays que ce soit. » La Guemara en donne pour motif l'anecdote suivante. Au temps où Hyrcan II assiégeait son frère Aristobule II (Ier siècle av.) dans Jérusalem, les assiégeants envoyaient quotidiennement des animaux destinés aux sacrifices, jusqu'au jour où un ancien du peuple leur déclara qu'en agissant ainsi ils prolongeaient la résistance de la ville : aussi longtemps que les assiégés s'occuperaient des sacrifices, leur mérite les protégerait. Alors ils envoyèrent un porc. Il semble que ce soit à la suite de telles aventures et du fait de l'étonnement des autres peuples que le porc ait pris aux yeux de tous cet aspect particulier.

« Voici les animaux que vous mangerez : le bœuf, l'agneau, le chevreau, le bouc, la biche... » (Deut., XIV, 4). Cependant, il serait faux de croire que de ces bêtes permises toutes les parties soient autorisées. Le *Talmud* et le *Choul'hane Aroukh* indiquent en détail la façon dont elles doivent être abattues, examinées, dépecées pour être livrées au boucher qui les débitera avant de les vendre aux usagers qui auront eux-mêmes à les accommoder de certaine manière pour les rendre *kacher*, c'est-à-dire religieusement aptes à la consommation. Le rôle principal est réservé au *cho'het*, l'« abatteur rituel » (appelé à tort dans certains romans « sacrificateur »). Il a étudié la théorie et la pratique de son art, a subi un examen de la part d'une autorité rabbinique qui lui a conféré un diplôme l'autorisant à exercer : la *qabbala*. Son instrument est un couteau de forme particulière, le *'halaf*, dont il existe trois tailles, respectivement pour le gros et le menu bétail et pour la volaille, et dont il vérifie le fil avant usage, car la moindre irrégularité en invaliderait l'abattage. Il est en acier et sa longueur doit être au moins égale au double de celle du cou de l'animal. Il devra trancher d'un seul coup la carotide et la trachée artère. Une bénédiction accompagne cet acte. Si c'est une volaille ou du gibier (pris au piège et non tué à la chasse), on laisse écouler le sang, puis on le couvre de cendre. Il s'agit alors d'examiner les viscères de la bête, en particulier les poumons, pour vérifier si aucune lésion ne la rend *terèfa*, c'est-à-dire malade au point d'en mourir au cours de l'année. Un animal qui n'aurait pas été abattu de cette manière est qualifié du terme de *nevèla*, « cadavre », et interdit à la consommation du Juif. Celui-ci ne peut donc acheter la viande chez n'importe quel boucher.

On procède ensuite à l'extraction de certains vaisseaux sanguins, de certaines parties graisseuses. Dans les quartiers arrière, le nerf sciatique est prohibé : « Et il toucha sa cuisse, la cuisse de Jacob se déhancha dans sa lutte avec lui (l'ange)...

Le soleil brilla sur lui lorsqu'il eut dépassé Penouel et il boitait de la cuisse. C'est pourquoi les enfants d'Israël ne mangent pas le nerf sciatique de la cuisse jusqu'à ce jour, car il (l'ange) avait atteint la cuisse de Jacob au nerf sciatique » (Gen., XXXII, 26 et ss.). Comme ce nerf a de nombreuses ramifications, il est extrêmement délicat de l'extraire et le filet s'en trouve complètement déchiqueté. Aussi, en beaucoup d'endroits, préfère-t-on revendre ces quartiers au boucher non juif.

Lorsque la viande atteint la cuisine, elle subit une dernière préparation pour en faire écouler le sang qui a pu y demeurer encore. On plonge le morceau de viande dans un bain d'eau, dans une bassine spécialement réservée à cet usage, pendant une demi-heure, puis on le laisse macérer dans du gros sel sur une grille ou une planche inclinée, afin de favoriser l'épanchement sanguin, durant une heure. Après un nouveau rinçage, on pourra alors l'accommoder. Il existe un autre procédé de « cachérisation », obligatoire d'ailleurs pour le foie, viscère gorgé de sang : le morceau de viande rincé à l'eau et salé est posé sur un gril à même le feu, dans lequel le sang s'égoutte. Un nouveau rinçage éliminera celui resté en surface.

B) *Les aliments neutres :* œufs et poissons.

Les œufs sont considérés comme neutres, utilisables dans les mets gras aussi bien que dans les maigres. Ceux qui présentent une goutte de sang sont cependant interdits. Celui des poissons, animaux à sang froid, est par contre autorisé : « Voici ce que vous pourrez manger parmi tout ce qui est dans l'eau : tout ce qui a nageoires et écailles vous mangerez. Tout ce qui n'a ni nageoires ni écailles vous ne mangerez pas : ce sera impur pour vous » (Deut., XIV, 9-10). Le poisson peut se manger dans un repas lacté comme avec des aliments carnés, mais on sépare la consommation de la viande de celle du poisson par une bouchée de pain et une gorgée de boisson, et en changeant l'assiette et les couverts, pour des raisons de santé, semble-t-il, selon le Talmud.

C) *Les laitages.*

« Tu ne feras pas cuire le chevreau dans le lait de sa mère », est-il répété par trois fois (Ex., XXIII, 19 - XXXIV, 26 ; Deut., XIV, 21). On entend par là une interdiction d'ordre beaucoup plus général, s'étendant à toutes les viandes, concernant ce genre de mélange : pas de bifteck au beurre, ni de poulet servi avec une sauce lactée ; la préparation, aussi bien que la consommation, en est prohibée. Pour accentuer cette séparation, on utilise deux vaisselles distinctes, on les sert sur des nappes différentes à des repas différents. En réalité, il est permis, par exemple, de manger de la viande immédiatement après avoir absorbé une tasse de lait, à condition de s'être rincé la bouche avec de l'eau ou du pain, car l'absorption des mets lactés est rapide et ne laisse pas de traces dans la bouche. Une exception est faite pour le fromage, dont le goût est plus tenace. Par contre, entre un plat comportant de la viande et un mets lacté, on attend, suivant les usages, une heure, trois heures ou six heures. C'est ce même laps de temps que l'on exige entre l'absorption du fromage et de la viande.

Par lait, on comprend, bien entendu, celui provenant d'un animal permis, vache, chèvre ou brebis, à l'exclusion de celui de la truie, de l'ânesse et de la jument. C'est pourquoi les plus pieux désirent-ils, pour avoir toutes les garanties possibles, qu'un Juif religieux assiste à la traite du lait qu'ils boiront.

D) *Le vin.*

Une *michna* interdisait jadis l'usage du vin, du pain et de l'huile fabriqués par des non-Juifs. L'interdiction a été levée concernant les deux derniers, à une époque encore ancienne où il existait un *Sanhédrin* en Israël, mais la première a été maintenue, en souvenir des libations idolâtres, et afin d'éviter l'assimilation. Il s'ensuit toute une législation concernant la fabrication du vin rituel jusqu'à sa mise en bouteille, pour éviter la participation directe de non-Juifs.

Il semble donc qu'aucun aliment n'ait échappé à la législation religieuse, en dehors des légumes et des fruits. Pourtant, celui qui possède des arbres fruitiers se conforme encore aujourd'hui à la *mitsva* de *'orla*, attendant la quatrième année pour profiter de leur fécondité (Lév., XIX, 23-24). D'autre part, la prohibition des insectes contraint parfois à un examen assez approfondi de certains fruits ou légumes, sujets à abriter des parasites.

E) *La vaisselle.*

Nous avons mentionné ci-dessus l'existence de différentes sortes de vaisselles : l'une pour les laitages, une seconde pour la viande. Il en existe encore une spéciale pour la fête de la Pâque. Certaines lois régissent l'utilisation de la vaisselle, comme l'obligation de l'immersion de tout ustensile neuf en métal ou en verre destiné à entrer directement en contact avec des aliments, dans une eau vive (rivière, mer, bain rituel). D'autre part, il peut arriver que, malgré les précautions, des mélanges se soient produits, que des pièces de vaisselle d'ordre différent aient été confondues. Il existe alors des possibilités de purification par l'eau bouillante ou le feu, dans certaines conditions, suivant l'avis du rabbin consulté.

Ces prescriptions paraissent, peut-être, à l'énumération, compliquées et astreignantes, exigeant une attention de tous les instants, absorbant un temps précieux. Dans l'existence où elles prennent vie, elles perdent, évidemment, ce caractère sous l'action de l'habitude qui, en mécanisant les actes, les simplifie. Il devient impossible, impensable, d'utiliser du beurre pour rôtir de la viande, ou de composer un menu comportant des mélanges des deux ordres. Le travail matériel de la préparation des aliments se trouve élevé à la dignité de *mitsva* et sanctifié dans sa banalité. L'importante fonction de la cuisson requiert la participation au moins partielle d'une personne juive. Il ne faut pas non plus plaindre celui qui renonce à connaître tant de mets prônés par la gastronomie : la cuisine juive jouit, en effet, d'une réputation qui n'a pas échappé à un Edouard de Pomiane, et qui laisse aux plus détachés un arrière-goût de regret sentimental.

III. Les actions de grâces après le repas.

« Rabbi Siméon disait : « Si trois hommes ont mangé à une même table sans s'y entretenir de la Tora, c'est comme s'ils avaient mangé à des sacrifices idolâtres », et Rabbi Obadia de Bertinoro ajoute : « La récitation des actions de grâces les en acquitte » ; « mais si trois hommes ont mangé à une même table et s'y sont entretenus de la Tora, c'est comme s'ils avaient mangé à la table du Seigneur » (Avoth, III).

Un usage antique, que certains observent encore, voulait que des ablutions terminent le repas, comme elles l'avaient commencé *(mayim a'haronim)*.

Puis, s'il y a au moins trois hommes à table, l'un d'eux invite les autres à « bénir le Seigneur grâce à qui ils ont mangé ». Certaines règles de politesse accordent la priorité au *kohen*, puis au rabbin et au maître de maison.

La prière elle-même comprend quatre parties d'époques diverses : la première attribuée à Moïse, avant l'entrée en Terre Sainte, glorifie « Celui qui nourrit l'univers » ; la seconde, de Josué, après la conquête, met l'accent sur la possession du sol sacré et de ses fruits ; la troisième émane de David implorant Dieu pour Jérusalem ; la dernière a été composée beaucoup plus tardivement, au IIe siècle de l'ère chrétienne, après que la sépulture eut pu être donnée à l'armée vaincue du faux Messie Bar-Kokhba.

IV. Les bénédictions de jouissance.

Avant de prendre la moindre nourriture, en dehors des repas, on récite une formule de bénédiction, tandis qu'une autre est prévue en forme de remerciement après la dégustation. A tout moment s'offre une occasion de louer le Seigneur, avant de goûter à un fruit nouveau ou de revêtir un habit neuf, en respirant une plante, en admirant les premiers arbres en fleur, à la vue d'un éclair, d'une montagne, d'un océan, en présence d'un savant ou d'un souverain. La nature et la science ne sont pas des divinités adorables, mais des créatures de Dieu.

On enseigne que l'homme sera appelé un jour à rendre compte de toutes les jouissances permises qu'il aura dédaignées, mais il est dit aussi que celui qui jouit des biens de ce monde sans en louer le Seigneur commet une profanation, comme s'il tirait profit d'une chose consacrée à Dieu, et Le vole de sa bénédiction.

LE COUCHER

La première parole du Juif à son réveil s'était adressée au « Roi vivant et éternel », c'est vers Lui qu'il se tournera encore avant de s'endormir. Après avoir répété une fois de plus le premier paragraphe du *Chema'* (« tu en parleras... en te couchant »), invoqué la protection du Seigneur dans les dangers qui pourraient l'atteindre dans l'état d'inconscience du sommeil, il bénit « Celui qui fait tomber les liens du sommeil sur ses yeux et l'assoupissement sur ses paupières ». Il ajoute enfin : « *Veuille, ô mon Dieu et Dieu de mes pères, que je me couche en paix et me relève en paix, sans que me troublent mes réflexions ni de mauvais rêves, ni de mauvaises pensées ; que mon sommeil se déroule dans la pureté, et éclaire mes yeux pour que je ne m'endorme pas dans la mort, car c'est Toi qui éclaires les prunelles des yeux. Béni sois-Tu, Seigneur, qui éclaires le monde entier de Ta gloire.* »

DEUXIÈME PARTIE

LES ÉPOQUES

CHAPITRE PREMIER

LE CALENDRIER

Il n'existe sans doute guère de collectivité humaine qui, à l'égal de la communauté juive, voie le rythme intime de sa vie déterminé par le déroulement de l'année, de ses divisions, de ses solennités. Joie et tristesse, gaieté insouciante et gravité, travail et repos y alternent. Les impulsions spirituelles du Juif, lié à son peuple et à ses traditions, sont enserrées dans de solides barrières temporelles, tous les mouvements de l'âme s'insérant harmonieusement dans l'ordre des jours. Les unités de temps, elles-mêmes, s'orientent vers quelques points culminants : les heures convergent vers les moments de la prière, les semaines vers leur Sabbat, les mois vers leur Néoménie, les saisons vers les trois fêtes de pèlerinage, le cycle annuel vers *Roch-Hachana* et *Kippour*. N'a-t-on pas dit que « le catéchisme du Juif, c'était son *calendrier* » ?

L'année juive se compose de 12 ou 13 mois lunaires : on compte, par cycle de 19 ans, 12 années de 12 mois et 7 de 13 (2ᵉ Adar), les 3, 6, 8, 11, 14, 17 et 19ᵉ. On appelle année ordinaire *(chana pechouta)* celle de 12 mois, année embolismique *(chana me'oubéreth)* celle de 13. Elle commence avec le mois de Tichri, dont le début coïncide généralement avec la deuxième moitié de septembre. Mais la Tora nous recommande par ailleurs de compter les mois à partir de celui de Nissane, où se situe la sortie d'Egypte (Ex., XII, 2). D'où la coutume encore en usage d'énumérer les mois suivant l'ordre biblique, indépendamment du début de l'an de Tichri, soit Nissane, Iyar, Sivane, Tammouz, Av, Eloul, Tichri, Mar'hechvane, Kislev, Téveth, Chevath, Adar (et Adar Chéni dans les années intercalaires). Ces noms sont, pour la plupart, d'origine babylonienne.

La durée des mois est alternativement de 29 et 30 jours : la lune effectuant environ en 29 jours et demi sa révolution autour de la terre, on a eu recours à ce système pour éviter de changer de mois au milieu de la journée. Nissane, Sivane, Av, Tichri et Chevat ont toujours 30 jours *(malé)*, Iyar, Tammouz, Eloul, Téveth et Adar en année ordinaire toujours 29 *('hasser)*, Mar'hechvane et Kislev tantôt 29, tantôt 30. L'année ordinaire peut donc comporter de 353 à 355 jours, l'année intercalaire de 383 à 385.

La *Néoménie (Roch 'Hodech)*. Le premier jour du mois, correspondant à la *nouvelle lune*, possède un caractère faste. Le 30ᵉ jour d'un mois complet est considéré, sur le plan liturgique, comme premier jour de *Roch 'Hodech*. Le deuxième jour de *Roch 'Hodech* figure cependant comme premier jour du nouveau mois.

Dans la Tora (Nomb., X, 10) et dans les livres prophétiques, la Néoménie est citée à côté des jours de liesse et de fête. Comme ces derniers, elle se trouvait distinguée par l'offrande d'un sacrifice supplémentaire *(Moussaf)*. On avait l'habitude d'y rendre visite aux prophètes et d'y écouter leurs enseignements (II Rois, IV, 23), comme aux jours de Sabbat. Actuellement, quelques traits en marquent encore le caractère festival : la Néoménie est annoncée, en grande solennité, le Sabbat précédent. A *Roch 'Hodech*, on supprime le *Ta'hanoun*, on lit les cantiques du *Hallel* ainsi qu'un passage de la Tora se rapportant au sacrifice particulier de ce jour. Enfin, en quelques endroits, les femmes ont gardé l'usage de s'abstenir de travaux de couture, de tricot et autres analogues.

Dans la première quinzaine de chaque mois, on a l'habitude de réciter, avec des psaumes et certaines autres oraisons, une prière dite de « Bénédiction de la lune », selon une formule remontant à l'époque de l'Amora babylonien, Rabbi Juda ben Ezéchiel, le fondateur de l'Ecole de Poumbedita. Cette cérémonie a lieu de préférence le samedi soir, à ciel ouvert, en communauté si possible. Par trois fois, les participants s'adressent mutuellement le vœu de *Chalom Aleikhem*, « la paix soit sur vous ».

CHAPITRE II

LE SABBAT

I. Généralités.

« Le peuple d'Israël a une magnifique création qui lui appartient en propre : c'est le jour saint et vénérable de Sa Majesté le Sabbat.

« Dans l'imagination populaire, le Sabbat est devenu un personnage vivant, pourvu d'un corps, d'une apparence, resplendissant d'or, de beauté. Quand le Saint, béni soit-Il, eut achevé l'œuvre de la création, c'est le Sabbat qu'il introduisit dans Son Univers, « afin que le dais nuptial qui venait d'être construit et dressé ne demeurât point sans fiancée ». A ce Sabbat, merveille préférée du Saint, béni soit-Il, parmi tous les trésors qu'Il possède, Il n'a pas trouvé d'associé autre qu'Israël formant avec lui un couple parfait » (BIALIK).

Sans doute, l'idée du Sabbat, du repos hebdomadaire, symbole de liberté et de dignité humaine, jour de renaissance spirituelle, fait-elle partie, et au premier chef, du legs qu'Israël a transmis à l'humanité. Il a cependant gardé, au sein du peuple de Moïse, un caractère, une saveur spécifiques. « Tu appelleras le Sabbat tes délices. » « Rien ne pourra jamais égaler la bénédiction spirituelle que le Juif fidèle trouve dans le repos si doux, dans la tranquillité si parfaite du jour du Sabbat. » N'est-ce pas là le sens profond des répliques de Rabbi Josué aux questions du général romain : « Pourquoi les mets du Sabbat dégagent-ils une si bonne odeur ? — Nous avons une épice spéciale, nommée Sabbat, c'est son odeur que tu respires. — Donne-m'en donc ! — Quiconque observe le Sabbat peut en jouir, mais à qui ne l'observe pas, elle n'est d'aucune utilité. »

L'observance du Sabbat se présente sous la double face de « *Chamor* » et « *Zakhor* », « observer » et « se souvenir », termes employés en tête du quatrième commandement du Décalogue, l'un dans l'Exode, l'autre dans le Deutéronome, et qui, selon la Tradition orale, ont été prononcés ensemble par le Seigneur au Sinaï. Le premier caractérise le côté « négatif » ou passif, l'abstention de tout travail, le repos, tandis que le second se réfère à la sanctification positive, par les habits sabbatiques et les trois repas obligatoires, par le *Qiddouch* et la *Havdala,* par la prière et l'étude de la Tora, de manière à favoriser l'éclosion et l'épanouissement de « l'âme supplémentaire », *Nechama Yethèra,* dont le fidèle bénéficie en ce jour. Un chômage total est imposé à tous ceux de la maison israélite, y compris les animaux ; un repos absolu, dont le viol, s'il était conscient et voulu, aussi minime fût-il — frotter une allumette, écrire un mot — équivaudrait à nier l'existence de Dieu Créateur du Monde et Rédempteur, en Egypte, du peuple d'Israël, à laquelle le Sabbat porte témoignage.

La Loi orale a déterminé tous les travaux interdits, dont quelques-uns seulement sont mentionnés dans la Loi écrite : la Michna en distingue trente-neuf principaux *(Avoth melakhoth)*, définis comme tels par leur application à la construction du Tabernacle du désert. « Vous observerez Mes Sabbats et respecterez Mon sanctuaire, Je suis le Seigneur » (Lév., XXVI, 2). Ils comprennent essentiellement ceux qui touchent à la préparation des aliments et des vêtements, à l'habitation, à l'utilisation de l'écriture, au feu ; c'est aussi l'achèvement d'un ouvrage (« le dernier coup de marteau ») et le transport d'un objet du domaine privé dans le domaine public. Il apparaît à l'examen qu'ils embrassent finalement toutes les branches de l'activité humaine et que, dans cette perspective, le travail ne se mesure nullement à l'effort nécessaire pour l'accomplir, mais qu'il se définit comme la réalisation d'une idée appliquée à un objet, destinée à le créer, à le produire ou à le transformer (S. R. Hirsch).

La voix des prophètes a formulé l'interdiction des transactions commerciales qui n'entrent pas, à proprement parler, dans les catégories des « trente-neuf travaux », mais se révèlent comme naturellement incompatibles avec l'esprit de ce jour. « *Si tu ne voyages pas pendant le Sabbat, pour ne point vaquer à tes affaires en ce jour qui*

M'est consacré, si tu appelles le Sabbat un délice et tiens en honneur le jour du Seigneur, si tu le respectes plutôt que de suivre tes voies ordinaires, de t'occuper de tes intérêts et d'en parler, alors tu te délecteras dans le Seigneur, et Je te donnerai la jouissance de l'héritage de ton ancêtre Jacob... » (Is., LVIII, 13-14). (Voir aussi Néh., XIII, 15 à 17.)

S'inspirant de ces recommandations et en vue d'entourer les défenses divines d'une « haie » infranchissable, les Sages y ont ajouté certaines interdictions dites « rabbiniques ». Ainsi, diverses activités de caractère profane *(« Ouvdane de'hol »)*, telles que la musique instrumentale, la natation, l'équitation, l'utilisation des moyens de locomotion, ont été proscrites. Tous les instruments qui servent à un « travail » sont déclarés *mouqtsè* (« retranchés » de la pensée et de l'usage de ce jour), et il est devenu interdit même de les prendre en main. De même, la tristesse et les préoccupations et soucis quotidiens seront laissés de côté durant ces vingt-quatre heures pour étendre à l'âme le devoir de sanctification.

Il est écrit, rapporte le Midrach (Béréchith Rabba, 80), « Dieu *bénit* le jour du Sabbat et *le sanctifia* ». Il le bénit en l'éclat du visage humain, Il le sanctifia en l'éclat du visage humain qui n'a pas le même aspect le Sabbat que la semaine. Dans le *Cantique des Cantiques*, la jeune fille — symbole de la Communauté d'Israël — s'écrie « Je suis noire, mais je suis belle », ce qui signifie « je suis noire » les jours de semaine, « mais je suis belle » le Sabbat.

II. Le vendredi.

Bien avant l'heure qui, le vendredi soir, marque l'entrée du Sabbat, la demeure juive est comme impressionnée par l'attente de l'hôte merveilleux. Dès le réveil, la journée a pris une tonalité particulière : remue-ménage dans la maison, effluves agréables s'exhalant de la cuisine. Même le *ba'al habayith*, « le maître de céans », suivant l'exemple d'illustres rabbins du Talmud, tient à honneur de participer à la préparation des repas sabbatiques. Ainsi, nous rapporte la tradition, Rava salait le poisson, Rav Papa tressait les mèches, Rabba et Rav Joseph cassaient le petit bois. A midi, changement de menu, on mange maigre en prévision des agapes nocturnes. Souvent tôt dans l'après-midi, la table sabbatique est déjà dressée. Vers le soir enfin, l'agitation se calme : le travail qui paraissait interminable, impossible à limiter dans le court laps de temps précédant encore le Sabbat, a pu être achevé. On a recouvert la cuisinière à gaz d'une tôle, sous laquelle couve une petite flamme destinée à maintenir chauds les mets du dîner et à réchauffer ceux du lendemain qui, en prévision, s'y alignent ou s'y entassent. Cependant, chacun a revêtu ses « vêtements sabbatiques » pour aller à la rencontre de la Princesse Sabbat. Cet accueil doit se faire avant le crépuscule, afin d'ajouter un peu de profane au jour sacré.

III. Vendredi soir.

« *Allons, glorifions le Seigneur par nos chants, acclamons le Rocher de notre salut !* » C'est aux accents allègres des Psaumes 95 à 99 et du Psaume 29 qu'Israël se prépare à recevoir le Sabbat, avant d'entonner le cantique du *Lekha Dodi.* Composé au XVIe siècle, à Safed, par le Kabbaliste Salomon Halévy Alkabetz, il fut rapidement adopté dans toutes les communautés d'Israël.

Viens, mon bien-aimé, au-devant de ta fiancée,
Le Sabbat paraît, allons le recevoir !
« Observe » et « souviens-toi », ces mots, le Dieu unique
Nous les fit entendre en une unique parole,
Le Seigneur est Un, Un est Son Nom,
A Lui honneur, gloire, louange !

Empressons-nous à la rencontre du Sabbat,
Il est la source de bénédiction,
Consacré dès les temps les plus lointains
But de la Création dans la première pensée du Créateur...

Viens en paix, toi qui es la couronne de ton époux,
Viens dans la joie, dans la félicité,
Au milieu des fidèles du peuple élu
Viens, ma fiancée, viens, ma fiancée.

(Traduction du *Livre du Sabbat.*)

Après la récitation des Ps. 92, « Cantique pour le jour du Sabbat », et 93, qui exalte la grandeur de Dieu dans la nature, commence l'office du soir.

Entre la deuxième bénédiction qui suit le

Chema' et le *Qaddich* de l'officiant qui précède le *Chemoné-Essré,* on chante les versets bibliques « *Vechamerou* » : « *Les enfants d'Israël observeront le Sabbat, accomplissant le Sabbat dans toutes leurs générations, alliance immuable. Entre Moi et les enfants d'Israël, c'est le symbole perpétuel qu'en six jours le Seigneur a fait les cieux et la terre et le septième jour Il s'est reposé et a repris haleine.* » De nombreuses mélodies l'ont rendu populaire. La *'Amida,* le Sabbat, ne comporte que sept bénédictions, les trois premières et les trois dernières encadrant une seule bénédiction — à la place des treize des jours de semaine — qui célèbre la sainteté du Jour. L'office est, pour ainsi dire, couronné par le *qiddouch* sur le vin : l'importance donnée à cette « sanctification » à la synagogue est assez paradoxale car, en principe, elle était réservée à la table familiale, lieu du repas. L'origine de cet usage remonte à l'époque où les pauvres et les voyageurs de passage prenaient leur dîner dans une salle attenante à la maison de prière, cette coutume étant alors parfaitement justifiée à l'égard de la *Halakha.*

Pendant que la Communauté recevait ainsi le Sabbat à la synagogue, il avait fait également son entrée au foyer familial. Tout travail a cessé ; les lumières brûlent partout où elles sont nécessaires et souvent un mécanisme d'horlogerie est préparé à l'avance pour leur couper le courant tard dans la nuit et les rallumer automatiquement dans la soirée du lendemain. Il reste encore à la *ba'alath habayith* (maîtresse de maison) le devoir religieux d'allumer les lumières spéciales du Sabbat, avant l'heure où les fidèles en prière auront souhaité la bienvenue à la « fiancée » ; elle se sert de bougies, fixées dans un candélabre, en nombre variable suivant les habitudes, mais au moins égal à deux, ou même d'une lampe électrique réservée à cet usage. Faisant de ses deux mains un écran pour dissimuler à ses yeux leur clarté dont elle ne veut pas encore jouir, elle récite la bénédiction qui introduit immédiatement le Sabbat dans sa maison : « Béni sois-Tu, Seigneur, Notre Dieu, Roi de l'Univers, qui nous as sanctifiés par Tes commandements et nous as ordonné d'allumer les lumières du Sabbat. » Sur la table dressée, deux pains nattés superposés et recouverts d'un napperon brodé sont disposés, à côté de la coupe d'argent pour le vin, à la place du père de famille : symboles de la bénédiction divine, ils rappellent la double part de manne qui tombait le vendredi.

« Deux anges accompagnent l'homme le vendredi soir, au retour de la synagogue, disait Rabbi José ben R. Juda, un bon et un mauvais. Lorsqu'il rentre chez lui, qu'il trouve les lumières allumées et la table prête, l'ange du bien dit : « Plaise au Ciel qu'il en soit de même le Sabbat suivant ! », et le mauvais ange, à contrecœur, répond : « Amen ». Sinon, c'est l'ange du mal qui demandera « qu'il en soit de même les prochains Sabbats », et le bon ange sera contraint de répondre Amen. »

Dès que la maisonnée est réunie, les parents bénissent leurs enfants, en leur imposant les mains, récitant aux garçons l'antique formule du patriarche Jacob : « Puisse Dieu te rendre semblable à Ephraïm et Manassé », et souhaitant à leurs filles de devenir « comme Sara, Rébecca, Rachel et Léa », puis répétant à chacun la bénédiction sacerdotale. Tous se joignent alors dans un cantique de bienvenue aux « Anges du Sabbat » : « Que la paix soit sur vous, Anges du divin Service, Anges du Dieu suprême... » et chantent l'éloge de la « *Echeth 'Hayil* », « la femme vertueuse », tel que l'a écrit Salomon au chapitre XXXI des Proverbes. Alors le père, élevant la coupe de vin, prononce les paroles du *Qiddouch* et rompt le pain dont il distribue à chacun un petit morceau, le *motsi*. Le repas se déroule, entrecoupé de *Zemiroth* — « cantiques » spéciaux — et de *Divrè Tora*, conversations édifiantes et instructives ayant pour thème le plus souvent la *Sidra* du jour. Selon une vieille tradition culinaire, presque unanimement respectée, un repas de vendredi soir comporte poisson et viande. Sans doute les recettes varient-elles, suivant les régions, de la « carpe à l'ail » alsacienne au « gefillter fisch » polonais (poisson farci), ou au couscous nord-africain, plat de résistance rappelant la manne « qui ressemblait à de la graine de coriandre ».

IV. La journée du Chabbath et la lecture de la loi.

L'office est calqué sur celui de la semaine, mais abondamment pourvu d'additions, psaumes et autres hymnes célébrant la gloire de Dieu et la sainteté du jour, destinés à faire pénétrer le fidèle dans l'atmosphère de joyeuse sérénité, spécifique du Sabbat. Comme aux jours de fête, la *Lecture de la Loi*, l'une des plus anciennes institutions liturgiques, établie par Moïse, complétée par Ezra, occupe le centre de l'office. A cet effet, la Tora a été divisée en cinquante-quatre sections *(Sidroth)*, correspondant au nombre des Sabbats de l'année la plus longue. Les nécessités du calendrier obligent parfois à réunir deux *Sidroth* pour la lecture d'un même samedi. On lira aussi certains passages du Pentateuque, l'après-midi du Sabbat, les jours de fête et de jeûne, et, nous l'avons vu, les lundis et jeudis, « afin qu'Israël ne reste point plus de trois jours sans Tora ». La sortie du « Rouleau » dans lequel se fera la lecture se déroule solennellement. Au chant du verset : « Lorsque l'arche partait, Moïse disait : « Lève-Toi, Seigneur, que Tes ennemis soient dispersés devant Toi, que Tes adversaires fuient devant Ta face... » (Nomb., x, 35), on ouvre les portes du *Arone haqôdech* (« Arche sainte »). Le Rouleau choisi est promené processionnellement et offert aux hommages des fidèles. Le même cérémonial accompagnera la rentrée du *Séfer*, après la lecture, introduite par le verset (Nomb., x, 36) : « Et lorsqu'elle faisait halte, il disait : « Reviens siéger, Seigneur, parmi les myriades d'Israël. »

Sept hommes sont successivement « appelés » à lire une portion de la *Sidra* qui est, à cet effet, divisée en sept *Parachioth*. S'il y a lieu, on réserve à un Cohen, puis à un Lévite, l'honneur d'être convoqués les premiers. Actuellement, un « lecteur » *(Ba'al Koré)* se substitue aux « appelés » qui n'interviennent plus que par la récitation des bénédictions prescrites avant et après la lecture de la *paracha* qui leur est dévolue. Un air traditionnel — la cantilation — qui remonte à une haute antiquité, soutient la lecture de la Tora. La *Sidra* terminée, un dernier fidèle, le *Maftir,* relit « en conclusion » les derniers versets. Lors de certains Sabbats spéciaux, Roch 'Hodech, Sabbats précédant Pessa'h, etc., ainsi qu'aux jours de fête, le passage du *Maftir* est tiré d'une autre section et généralement d'un second Séfer. Il déclamera ensuite, sur un air consacré, la *Haftara,* chapitre tiré des livres prophétiques et présentant une analogie avec le contenu de la *Sidra* ou un rapport avec le caractère du jour.

Une fois la lecture achevée, le Séfer est soulevé *(Hagbaha)* et montré à toute l'Assemblée qui s'écrie : « Voici la Loi que Moïse a présentée aux enfants d'Israël sur l'ordre de Dieu. Elle est un arbre de vie pour ceux qui s'y cramponnent, heureux ceux qui s'appuient sur elle !... » Les Sefaradim ont procédé à cette manifestation lorsqu'on a ouvert le Séfer avant de le lire. Enroulé à nouveau et maintenu par la *mappa,* il est remis dans son mantelet *(guelila).*

Après la *Haftara,* le rabbin appelle la bénédiction divine sur les Docteurs de la Loi, sur la Communauté, sur l'Etat et ses dirigeants, et désormais aussi sur le jeune Etat d'Israël.

La prière de *Moussaf* — souvenir des sacrifices supplémentaires offerts au temple le Sabbat et les fêtes — clôt l'office. Lors de de la répétition de la *'Amida*, la *Qedoucha* est chantée avec une solennité particulière.

Journée de Chabbath.

A la maison, un nouveau *Qiddouch* sur le vin et le pain introduira le second repas sabbatique comportant certains plats traditionnels, *Kougel, Cholent, Tefina*, suivant les pays. Les dernières heures du Sabbat s'écouleront lentement, dans un climat de douceur et de bien-être, de détente physique et morale. Tandis que les nerfs tendus se délassent, échappent même à la tyrannie du téléphone, l'esprit libre de soucis et de préoccupations matérielles peut s'adonner avec délice — *'Oneg Chabbath* — à l'étude ; tristesse, larmes, deuil sont bannis. Enfin, « on a le temps » de se consacrer à la vie de son foyer, à ses enfants et à ses hôtes. « La nuit s'approchant, on se sent envahi du regret de quitter déjà ce bonheur trop vite évanoui, regret adouci par la résolution de recréer dans huit jours un Sabbat plus délicieux encore » (E. WEIL).

Jadis, la prière de *Min'ha* était suivie de *Derachoth*, « sermons », que l'on a remplacés l'hiver par la récitation des Psaumes CIV et CXX à CXXXIV, et par la lecture, l'été, d'un chapitre des *Pirké Avoth*, le traité de la *michna* qui contient les maximes religieuses et morales des *Tanaïm*.

Puis on s'attable pour le dernier des trois repas sabbatiques obligatoires, que l'on prolonge jusqu'à la tombée de la nuit *(Se'ouda chelichith)*.

Havdala.

C'est par la cérémonie de la *Havdala* que, après *Ma'ariv*, la prière du soir, on prend congé du Sabbat, à la synagogue, puis de nouveau à la maison. Devant l'officiant ou le père de famille, on a placé un verre de vin rempli à pleins bords, en signe d'abondance, et une boîte en métal ou en bois contenant diverses épices odorantes ; à ses côtés, un enfant brandit une bougie tressée flamboyant de toutes ses mèches. Tour à tour, il récite la bénédiction sur le vin — symbole de joie, — sur les épices — dont le parfum doit retenir l'âme de tous les jours que voudrait entraîner la *Nechama Yethèra*, lors de son départ, — sur les lumières — le feu rappelant que la lumière fut créée le samedi soir et marquant la reprise du travail de la semaine. La boîte à parfums circule de main en main. Après avoir loué Celui qui « sépare le sacré du profane », il boit le vin et en renverse une partie pour éteindre la bougie.

On prolonge parfois ces derniers instants encore quelque peu sabbatiques par des chants et une collation dénommée *Melavé malka*, « pour raccompagner la princesse ».

CHAPITRE III

LES FÊTES : GÉNÉRALITÉS

A côté du Sabbat hebdomadaire, l'année juive donne aux fidèles, en d'autres jours encore, l'occasion de s'arracher au travail quotidien pour retrouver, plus sensible, la Présence divine. Les fêtes, *Mo'adim,* sont, au sens étymologique du mot, des « rendez-vous » assignés à Israël par le Créateur. Lorsque l'une d'entre elles commence un samedi soir et que, désireux d'en célébrer l'entrée tout en marquant l'issue du Sabbat, on unit le *Qiddouch* et la *Havdala,* une bénédiction est intercalée pour louer « Celui qui distingue entre sacré et sacré ». C'est rappeler, en une saisissante concision, toutes les ressemblances et les différences entre les « époques » et le « septième jour ». Dans le chapitre XXIII du Lévitique, le Sabbat est cité en tête du cycle des fêtes ; c'est pourquoi, dans le *Qiddouch* du vendredi soir, on le dénomme « première des convocations saintes ».

En fait, sur lui se modèlent toutes les solennités juives et, dans leur célébration — abstraction faite des symboles particuliers à chacune d'elles — les mêmes formes se retrouvent. Le *Qiddouch* les introduit, la *Havdala* ponctue leur départ. Une telle similitude régit la composition de leur liturgie ; une quatrième *Tefilla*, le *Moussaf*, rappelle également les sacrifices festivals supplémentaires de jadis. Comme le Sabbat encore, habits et repas de fête en rehaussent l'éclat. Comme le Sabbat, enfin et surtout, la Tora les dénomme jours fériés et y interdit les travaux profanes. C'est sur ce point pourtant qu'apparaît la différence essentielle entre les deux degrés de sainteté. Parlant de l'institution de la Pâque, l'Exode énonce (XII, 16) : « *Le premier jour, vous aurez une convocation sainte et le septième jour encore une sainte convocation ; toutefois, ce qui sert à la nourriture de chacun, cela, mais cela seulement, vous pourrez le faire.* » C'est pourquoi tous les travaux indispensables à la préparation des repas sont autorisés le *Yom Tov*. Dans son interprétation de ce verset, la Loi orale a élargi la portée de cette tolérance, permettant certains d'entre eux, même s'ils sont entrepris dans un but autre que culinaire. En pratique, cette extension vise essentiellement l'utilisation du feu, mais non sa création, et le transport d'objets du domaine public dans le domaine privé, ou vice versa.

Kippour, « le Sabbat des Sabbats », jour de jeûne et de repos absolu, fait naturellement exception, et les prescriptions interdisant le travail y sont aussi sévères qu'au septième jour de la semaine.

A la différence du Sabbat qui réapparaît chaque semaine de lui-même, les fêtes doivent être proclamées : « Voici les fêtes que *vous* proclamerez en leur temps » (Lév., XXIII, 4). Jadis, des guetteurs postés sur un observatoire proche de Jérusalem s'empressaient d'alerter le *Sanhédrin* (Tribunal suprême) dès qu'ils avaient vu la nouvelle lune. Le *Nassi* (Président) annonçait alors solennellement le nouveau mois et l'on pouvait ainsi connaître la date exacte des festivités qui y prendraient place. Des messagers partaient dans toutes les directions pour en informer la Palestine et les communautés de la Diaspora. Celles qui, du fait de leur éloignement, ne pouvaient être atteintes dans un délai de dix jours célébraient pour éviter toute profanation deux jours de *Yom Tov* — les prévisions sur le *Roch 'Hodech* ne pouvant varier que d'un jour. Ce fut pratiquement le cas de tous les Juifs vivant en dehors d'Eretz-Israël. Cet usage fut maintenu, même après la fixation du calendrier perpétuel, rappelant ainsi l'époque glorieuse où le *Beth Dine* pouvait observer la prescription biblique de proclamer les solennités. C'est ainsi que dans toutes les communautés juives extérieures à la Palestine, on observe encore le *Yom Tov chèni chel galouyoth*, « le deuxième jour de fête des exilés », soit le deuxième et le huitième jour à *Pessa'h*, le deuxième de *Chavou'oth*, le deuxième et le neuvième de *Soukkoth*. Chaque jour de *Yom Tov* comportant une sainteté distincte, il s'ensuit que l'on ne préparera rien le premier jour pour le second, ce qui en constituerait une profanation. Enfin, toujours dans le but de conserver à la fête son caractère sacré, s'il arrive qu'elle tombe un vendredi, on a recours au cérémonial du *'Erouv Tavchiline :* la veille du *Yom Tov*, pour marquer aussi que tout en s'affairant en l'honneur de la fête, on pense déjà au Sabbat qui la suivra immédiatement, on réserve deux plats *(Tavchiline)* qui ne seront consommés que le surlendemain, puis on récite une formule en araméen qui autorisera le vendredi la cuisson des aliments réservés pour le samedi.

Dans le cycle annuel des grandes fêtes, on distingue essentiellement deux groupes : « les trois fêtes de pèlerinage » *(Chaloch Regalim)*, la Pâque, la Pentecôte et les Cabanes, d'une part, et les deux fêtes austères, *Roch Hachana* et *Kippour*. Les premières étaient ainsi nommées parce qu'elles appelaient au Temple de Jérusalem les hommes d'Israël pour qu'ils y rendent hommage à Dieu qui leur avait accordé Sa bénédiction. Commémorant trois des moments les plus importants de l'époque biblique, la sortie d'Egypte, la Promulgation de la Loi, la marche dans le désert sous la protection de la Providence, et célébrant les trois étapes les plus significatives et les plus réjouissantes de la vie agricole (le printemps, la moisson, la fin de la récolte), elles sont manifestement placées sous le signe de la joie. La gravité, par contre, impose son sceau aux « Jours redoutables », lourds de responsabilités.

CHAPITRE IV

LE MOIS D'ELOUL

A la Néoménie d'*Eloul* qui suivit le péché du veau d'or, Moïse reçut de Dieu l'ordre de remonter sur le Sinaï pour aller recevoir les deuxièmes Tables. Il y resta quarante jours, puis redescendit le 10 *Tichri*, apportant, avec le texte du Décalogue, l'heureuse nouvelle que Dieu avait accordé Son pardon. Selon une tradition, les enfants d'Israël avaient consacré ces quarante jours au repentir et à l'abstinence, et plus particulièrement le quarantième, où ils avaient observé un jeûne sévère et manifesté une pénitence profonde, afin de se soustraire à l'emprise du *Yètsér Hara'*, « l'instinct du mal ». Leurs larmes avaient touché le trône divin, le Saint, béni soit-Il, avait agréé leur repentir, et cette époque de l'année resta désormais période de grâce et de miséricorde. Quant au 10 *Tichri*, il devenait jour de réconciliation et de pardon divin, pour toute éternité.

C'est ainsi que, depuis lors, les quarante jours qui unissent le 1er *Eloul* à *Yom Kippour* sont voués à la *Techouva* («repentir»), à la prière, à la charité. Pendant tout le mois d'*Eloul*, après l'office du matin et du soir, on sonne le *Chofar*, pour secouer l'indifférence ou la torpeur : «Lorsque le *Chofar* retentit dans la ville, comment le peuple ne s'éveillerait-il point ?» (Amos, III, 6). Dans les communautés orientales, on se réunit, dès le 2 *Eloul*, une ou deux heures avant l'aube et parfois même à minuit, pour réciter des *Seli'hoth* («pardons»), échos de nos douleurs, appels à la pénitence, implorations au pardon. Dans le rite achkenaz, ces prières spéciales commencent seulement le dimanche précédant *Roch Hachana*, ou celui d'avant, si cette fête tombe un lundi ou un mardi, et se prolongent jusqu'à *Kippour*. Beaucoup ont l'habitude, durant cette période, de jeûner, au moins la mi-journée, et notamment le premier jour des *Seli'hoth* et la veille de *Roch Hachana*.

Dans cet intervalle de quarante jours, et encore même jusqu'au 22 *Tichri* si on ne l'a fait auparavant, on formule autour de soi, par lettre ou de vive voix, ses souhaits «d'une bonne inscription suivie d'un bon scellement» dans le Livre de la vie. Enfin, cette époque est fréquemment réservée à la visite annuelle, au cimetière, aux proches parents que l'on a perdus. Pour éviter tout ce qui pourrait ressembler à un culte des morts, l'usage veut, en effet, qu'on ne vienne qu'une fois par an se recueillir devant leur tombe.

CHAPITRE V

ROCH HACHANA [1]

1er et 2 *Tichri, fête du Nouvel An*, anniversaire de la Création du monde ou, plus exactement, de celle de l'homme. *Jour du Jugement (Yom Hadine)* où Dieu se manifeste dans Sa Toute-Puissance de Roi et de Juge suprême, où Il laisse défiler devant Sa Face toutes Ses créatures pour les juger et les inscrire dans le livre de la vie ou celui de la mort. *Jour du Souvenir*, où Dieu, au son du *Chofar*, se souvient des mérites d'Israël et quitte le trône de Justice pour celui de Miséricorde. Jour du souvenir aussi pour les humains invités à interroger leur passé, à se recueillir et à faire acte de pénitence. *Jour du Souvenir de la Sonnerie*, ou *Jour de la Sonnerie*, suivant l'expression même de la Tora (Lév., XXII, 24 ; Nomb., XXIX, 1). Ces trois dernières dénominations confèrent à cette fête un caractère d'austérité semblable à celui de *Kippour*.

1. Pour plus de détails, voir *la Convocation d'Automne*, par Daniel Baroukh. (Même coll., Albin Michel.)

D'où le terme de *Yamim Noraïm*, « jours redoutables », dont on se sert pour les désigner dans la littérature rabbinique tardive et le langage populaire.

Le service synagogal, à *Roch Hachana*, est empreint d'une solennité et d'une ferveur particulières. La maison de prières s'est vêtue de blanc, couleur de l'innocence et de la purification, tandis que le rouge symbolise le péché. Blancs le rideau de l'Arche sainte et les mantelets qui entourent les rouleaux de la Loi ; blanche la nappe qui recouvre le pupitre de l'officiant, blancs les napperons qui ornent ceux des fidèles. Dans de nombreuses communautés, les chefs de famille, à l'instar du *'hazzane*, portent, à l'office du matin, le vêtement mortuaire blanc, le *sargueness*. Emouvant est le *nigoun*, la « mélodie », qui accompagne prières et cantiques et la lecture de la Loi.

Après l'office du soir, on échange des souhaits : « Sois inscrit et scellé pour une bonne année », *Lechana tova tikkathev veté'hathem !*

Un usage remontant à l'époque talmudique met au menu, dans bien des maisons, des mets dont le nom ou la douceur servira d'emblème, espère-t-on, et sera de bon augure pour l'année qui s'ouvre. Aussi, après le *qiddouch* et le *motsi*, déguste-t-on une tranche de pomme douce trempée dans du miel, en formulant le vœu « que cette année qui commence soit pour nous agréable et douce ».

Tel est l'usage courant chez les Achkenazim ; chez les Seferadim, on sert encore des poireaux, des blettes, des courges, des grenades, du poisson, de la tête de mouton, et l'on encadre leur consommation par les bénédictions adéquates et des formules de souhaits correspondant au nom de l'aliment.

Quelques-uns remplacent aussi pour le *motsi* le sel par le miel. On s'abstient des aliments au goût âpre ou aigre.

Le second soir de la fête, on prend soin de servir un fruit que l'on n'a pas encore mangé depuis un an, afin de résoudre la question si la bénédiction de *Chéhé'héyanou* — qui salue le retour périodique d'une solennité comme celui des produits de la nature — sera prononcée ou non au cours du *qiddouch*. Les deux jours de *Roch Hachana* sont, en effet, considérés par les Sages du Talmud comme ne formant qu'un seul et long jour. Leur cas se différencie donc de celui des doubles jours de fête institués par les rabbins pour les pays autres que la Palestine *(Yom tov chèni chèl galouyoth)*. Le matin, la prière réunit de bonne heure les fidèles à la synagogue. L'office se prolonge jusque vers midi, parfois plus tard encore. De nombreux passages poétiques, les *Piyoutim*, soulignent les significations multiples de la solennité. Reconnaissance de la Royauté du Dieu Un par l'Univers entier, condition indispensable du progrès moral et de la paix mondiale, tel est le thème des paragraphes intercalés dans le *Chemoné-Essré* et l'enseignement essentiel du Jour : « *... afin que tous les hommes reconnaissent que Tu les as créés, toutes les créatures que Tu les as formées, afin que tout ce qui respire proclame : L'Eternel Dieu d'Israël est Roi et Sa*

Royauté s'étend à tout l'Univers ! » « Inscris-nous au livre de la vie ! » supplient à maintes reprises les fidèles. Après la *'Amida,* devant l'Arche sainte ouverte, la communauté, toujours debout, guidée par l'officiant, chante en chœur le *Avinou Malkénou,* « O notre Père, ô notre Roi... » ; cette imploration d'enfants à leur Père, de serviteurs à leur Roi, exige de celui qui la récite qu'il assume entièrement le joug du seul Dieu.

La lecture de la Tora relate, le premier jour, la naissance d'Isaac, tandis que la *Haftara* rappelle celle de Samuel. Ainsi sont évoquées les figures des mères en Israël, Sara et 'Hanna, qui, longtemps stériles, ont vu leur attente confiante bénie par Dieu, d'Agar qui, au comble du désespoir, verra un ange lui indiquer la source de vie. Le deuxième jour, on fera le récit du sacrifice d'Isaac que la Tradition joint, dans un rapport étroit, à *Roch Hachana.* Le son du *Chofar* ne rappelle-t-il pas l'esprit de sacrifice et le dévouement sans borne d'Abraham et de son fils, et le bélier « pris dans le buisson par ses *cornes* » ? Puis la *Haftara* fait apparaître l'image maternelle de Rachel : « ... *Une voix se fait entendre à Rama, plaintes et larmes amères. Rachel pleure sur ses enfants, elle refuse de se consoler de leur perte. Ainsi parle le Seigneur : Retiens les sanglots de ta voix, les larmes de tes yeux, car il y a récompense pour tes actions et tes enfants reviendront du pays ennemi* » (Jér., XXXI, 15-16).

Alors arrive le moment le plus solennel, celui de la *sonnerie du Chofar,* sorte de cor taillé dans la corne d'un bélier. S'il est clair que ses accents rauques et plaintifs doivent réveiller en sursaut les consciences endormies, la Tradition y attache encore bien d'autres significations ou souvenirs : la Création, le sacrifice d'Isaac, la Révélation du Sinaï, la résurrection des morts, le Jugement dernier, la Délivrance d'Israël et la libération de l'humanité entière de l'emprise du mal. Dans un silence impressionnant, le « sonneur », un homme pieux et instruit si possible, debout, tenant le *Chofar* dans la main droite avec l'ouverture dirigée vers le haut, ayant auprès de lui le rabbin et l'officiant, récite la bénédiction : « Béni sois-Tu... qui nous as ordonné d'écouter la voix du *Chofar* » et *Chéhé'héyanou*. Puis il fait retentir les sonneries prescrites que lui dicte le rabbin ou le doyen de la communauté : trente sons, en trois séries, *Sedarim*, de 12, 9 et 9. Sons simples — *Teqi'a* — cris d'alarme ; sons prolongés et coupés, semblables à des soupirs — *Chevarim* ; sons saccadés, tels des sanglots — *Terou'a*. Pour conclure, un son simple prolongé — la *Teqi'a Guedola,* tel le symbole du bonheur reconquis. Puis le « sonneur » entonne le verset : « Heureux le peuple qui comprend la *Terou'a,* il marche à la lumière de Ta face » (Ps., LXXXIX, 16).

Si le premier jour est un samedi, la sonnerie s'effectue le deuxième jour seulement.

La *Tefilla* de *Moussaf* de *Roch Hachana,* la plus longue et la plus impressionnante de tout le cycle des fêtes, compte neuf bénédictions, dont les trois médianes encadrent chacune une dizaine de versets bibliques qui exaltent la Royauté de Dieu *(Malkhouyoth)*, Sa Providence omnisciente et partout présente *(Zikhronoth)* et la Révélation dans le passé et dans l'avenir, au son du *Chofar (Chofaroth)*. Des sonneries en ponctuent la récitation dans les rites sefaradi et 'hassidique, tandis que les Achkenazim les réservent à la répétition à haute voix du *Chemoné-Essrè*. Avant la *Qedoucha*, on intercale la prière commençant par les mots *Ounethané toqéf*, l'une des plus émouvantes qui soient et dont la tradition attribue la paternité à un martyr de l'époque des croisades, R. Amnon de Mayence :

« *Nous voulons retracer la sainteté de ce jour : il est solennel et redoutable. En ce jour, Ta Royauté s'élèvera, par la grâce Ton Trône sera affermi, Tu y siégeras en Vérité. Oui, Tu es celui qui juge, qui réprimande, qui sait et qui est témoin, qui écrit, scelle et compte, Tu te souviens des choses oubliées et Tu ouvres le Livre des Souvenirs, où les faits s'énoncent d'eux-mêmes, où toute action est signée de la main de chacun. Et soudain le grand* Chofar *retentit, un doux murmure se fait entendre, les anges même tressaillent, tremblement et terreur les saisissent. Ils disent : « Voici le Jour du Jugement, pour scruter l'armée céleste au Tribunal », car eux-mêmes à Tes yeux ne sont pas innocents. Comme le berger visitant son troupeau fait passer ses brebis sous sa houlette, ainsi Tu fais défiler, Tu comptes, Tu examines l'âme de tout vivant, Tu fixes le terme de chaque créature et inscris sa sentence. A* Roch

Hachana *ils sont inscrits, à* Kippour *leur sort est scellé : combien quitteront ce monde et combien y entreront, qui vivra et qui mourra, qui à son terme, qui prématurément, qui par le feu et qui par l'eau, qui par l'épée et qui par la faim, qui par la tempête et qui par l'épidémie ; qui aura une vie paisible et qui une vie errante ; qui aura la sérénité et qui l'inquiétude, qui le calme et qui les tourments ; qui sera élevé et qui sera abaissé, qui sera riche et qui sera pauvre. Mais* Pénitence, Prière *et* Bienfaisance *détournent la rigueur de la Sentence.* »

Avant la récitation à haute voix des *Malkhouyoth,* lors de la prière de *'Alènou* rédigée par le grand Amora babylonien Rav, quand l'officiant chante les mots : « nous nous inclinons, nous agenouillons et nous prosternons », toute la communauté — du moins chez les Achkenazim — plie le genou et se jette à terre. Ce cérémonial est d'autant plus émouvant que c'est dans l'année la seule occasion — *Kippour* excepté — où cet antique acte d'adoration ait été conservé.

Ayant entendu les dernières sonneries marquant la fin de l'office, le fidèle, confiant dans la Miséricorde divine qui opérera en sa faveur le miracle du pardon, le cœur serein, rentre chez lui pour le repas de midi. Le Talmud rappelle, à ce propos, l'exhortation finale qu'Ezra et Néhémie adressèrent à l'assistance réunie le jour de *Roch Hachana* (Néh., VIII, 7 à 10) : « Ce jour est consacré à l'Eternel votre Dieu, ne vous affligez point, ne pleurez pas — (car tout le peuple pleurait en entendant les paroles de la Tora) —. Allez, prenez des mets succulents, des vins doux, envoyez des présents à ceux qui n'ont rien préparé, car ce jour est consacré à notre Seigneur, ne vous attristez donc pas, car la joie en l'Eternel est notre force. »

Renonçant à la sieste, on se hâte, ensuite, de retourner à la synagogue pour consacrer ces instants précieux à la lecture des psaumes ou à l'étude de la *Michna* de *Roch Hachana.*

Après *Min'ha,* si ce n'est pas un samedi, on se rend au bord d'une rivière pour y accomplir la cérémonie symbolique dite du *Tachlikh* et l'on prononce les versets du prophète Michée (VII, 18-20), où il est dit notamment : « Tu plongeras *(Tachlikh)* dans les profondeurs de la mer tous leurs péchés. » Certains, joignant le geste à la parole, retournent leurs poches pour concrétiser le rejet des péchés.

CHAPITRE VI

LE JEUNE DE GUEDALIA ET LES DIX JOURS DE PÉNITENCE

Le lendemain de *Roch Hachana,* le 3 *Tichri,* a lieu le jeûne de Guedalia, « jeûne public » *(Ta'anith Tsibour).* La mort de Guedalia, gouverneur de Palestine nommé par Nabuchodonosor pour administrer le reste d'Israël (Jér., XLI), assassiné par son rival Ismaël, signifia provisoirement la fin des espoirs nationaux. C'est l'un des quatre jeûnes institués par les prophètes (Zach., VIII, 14) en mémoire des malheurs qui ont frappé le peuple élu sur sa terre, afin de l'inciter au recueillement et à la pénitence. Nous les mentionnerons plus loin, à la place qui leur est dévolue dans le calendrier, 10 Téveth, 17 Tammouz, 9 Av, sans oublier le 13 Adar, jeûne d'Esther, qui leur a été surajouté plus tardivement. On y observe une abstinence totale de tout aliment solide ou liquide depuis l'aube jusqu'au coucher du soleil — exception faite du 9 Av dont les exigences sont plus sévères, proportionnées à la gravité des événements qu'il évoque, et où le jeûne dure environ vingt-quatre heures.

« *Cherchez le Seigneur lorsqu'Il se laisse trouver, invoquez-Le lorsqu'Il est proche* » (Is., LV, 6) : c'est aux dix jours de pénitence, du 1er au 10 Tichri, que le Talmud applique cette exhortation prophétique. Il en résulte une recrudescence de zèle dans l'observance des pratiques, dans la prière, dans l'étude.

On continue à réciter des *Seli'hoth* à l'aube, à *Cha'harith* et à *Min'ha* « Avinou Malkénou ». Le samedi qui suit *Roch Hachana* porte le nom de *Chabbath Chouva*, du premier mot de sa *Haftara* « Reviens, Israël... ».

Les dix jours de pénitence, l'effort de purification intérieure auquel ils incitent, trouvent leur aboutissement et leur sommet dans la journée de *Kippour*. Commencée à *Roch Hachana*, achevée à *Kippour*, cette sanctification est la préparation indispensable à la joie en Dieu qui rayonnera à *Soukkoth*.

CHAPITRE VII

KIPPOUR

Kippour[1], jour d'expiation et de pardon, exclusivement consacré à la prière et à la pénitence, dont la sainteté unique, alliée au miracle de la *Techouva*, permet à l'homme de se débarrasser de ses péchés, de se régénérer totalement. « Jour de jeûne majestueux, où l'Israélite se purifie des fautes du passé, où il est près de ressembler aux anges ; il accomplit son jeûne dans l'humilité et la mortification, debout, mais pliant le genou, chantant et louant Dieu, toutes ses forces matérielles tendues vers les hauteurs spirituelles comme s'il n'y avait pas en lui de nature animale » (Kouzari, III, 5). Si *Kippour* impose à la communauté juive une abstinence rigoureuse, celle-ci ne constitue pas une fin en elle-même, mais un moyen pour aider l'homme à s'affranchir de ses faiblesses, surmonter ses défaillances et, retrouvant ainsi la paix de l'âme et de la conscience, se réconcilier avec ses semblables et se réconcilier avec Dieu.

1. Cf. *la Convocation d'Automne*, op. cit.

I. Veille de Kippour.

La veille de *Kippour*, non seulement il est interdit de jeûner, mais il est même considéré que manger alors est une mitsva basée sur la Tora, servant de préparation à l'abstinence du lendemain. En effet, pour s'acquitter de cette obligation, on s'efforce de faire abstraction de toute recherche de jouissance, visant uniquement à acquérir des forces suffisantes pour soutenir l'épreuve des vingt-quatre heures à venir. C'est dans cette perspective que l'on peut comprendre l'opinion de certains de nos Sages qui voient plus de difficultés dans l'accomplissement de cette mitsva de manger « *lichmah* », par pur amour de Dieu, que dans l'observance de celles de *Kippour*.

Un curieux usage, dit des *Kapparoth*, « expiations », s'est perpétué et répandu un peu partout, malgré l'opposition de très hautes autorités religieuses, dont Joseph Caro, l'auteur du *Choul'hane Aroukh*, lui-même. Le fidèle prend un coq ou une poule, le fait tourner trois fois au-dessus de sa tête en prononçant une formule biblique qui se résume à peu près à « ceci est mon rachat, ceci mon expiation... ». Sans doute veut-on évoquer ainsi les anciens sacrifices de *Kippour*. La volaille ou, de préférence, sa contre-valeur en argent, est offerte ensuite à des pauvres.

La Tradition enseigne que, de par lui-même, par la sainteté qui lui est inhérente, *Kippour* a déjà un pouvoir d'absolution. Sa force purificatrice ne saurait cependant s'appliquer qu'aux péchés commis envers Dieu ; elle s'avère inopérante sur les offenses à l'égard du prochain. Quiconque a porté préjudice à autrui, ou l'a atteint dans son honneur, n'obtiendra le pardon que s'il a réparé le tort qu'il a causé. C'est donc à l'œuvre de réconciliation que de tout temps *'Erèv Kippour* a été consacré. L'homme qui aura assumé le courage de vaincre son amour-propre pour reconnaître sa faute et en faire l'aveu à celui auquel il a nui, qui aura pu extirper de son cœur des sentiments mesquins de haine ou de rancune, sera digne de comparaître, purifié, devant son Créateur et Juge.

Pour se préparer physiquement à accueillir cette purification, il est d'usage que les hommes aillent au *Miqvé* prendre un bain rituel.

Les pèlerins qui apportaient jadis des sacrifices au temple de Jérusalem devaient, selon la prescription de la Tora (Nomb., v, 7), confesser leurs fautes. Cette confession, contenue dans les prières de *Achamnou* et *Al 'hèt*, premier pas vers la pénitence, les fidèles la font, une première fois à la fin du *Chemoné-Essrè* de *Min'ha*, au début de l'après-midi. Elle sera répétée deux fois lors de chaque office de *Kippour (Achamnou* seulement, à *Ne'ila)*, et si on la récite déjà à ce moment, c'est de crainte qu'un accident ne nous en empêche le lendemain. Suivant le rituel fixé, debout, pénétré de sentiments fervents d'humilité, le fidèle énumère à voix basse ses fautes à Dieu, se frappant le cœur à leur énoncé. Dans de nombreux endroits, il est d'usage que les hommes mariés allument deux cierges, l'un à la maison, l'autre à la synagogue, qui brûleront jusqu'à l'issue de la fête.

Une heure environ avant le crépuscule, se prend le dernier repas avant le jeûne, la *Se'ouda Mafséquèth*. La sobriété y est de mise, on s'abstient d'aliments indigestes et de boissons enivrantes. Les parents bénissent alors les enfants, priant Dieu de leur inspirer Sa Crainte et Son Amour.

« *Tu appelleras le Saint Jour consacré à Dieu, digne de respect...* » Cette exhortation du prophète Isaïe, les Sages l'appliquent à *Kippour*. Ne pouvant, comme le Sabbat et les autres fêtes, l'honorer par les joies de la table, du moins le célébrera-t-on par le vêtement et la lumière. Avant l'entrée de la fête, les tables se recouvrent, comme le vendredi soir, de nappes sabbatiques et, multipliant les lumières en l'honneur du Saint Jour, les femmes, en les allumant, bénissent « Celui qui nous a sanctifiés par Ses commandements et nous a ordonné d'allumer la lumière de *Kippour* » et ajoutent la formule de *Chéhé'héyanou* comme à chaque fête.

II. Les abstinences de Kippour.

« *Mais le 10 de ce septième mois aura lieu le Jour du Pardon. Il y aura pour vous convocation sainte*, vous vous mortifierez *et vous apporterez des sacrifices à l'Eternel* » (Lév., XXIII, 27). La Loi orale nous enseigne que cette « mortification » consiste essentiellement dans l'abstention de tout aliment et de toute boisson, en quelque quantité, si minime soit-elle. Des exceptions sont prévues uniquement en cas de maladie ou de faiblesse graves. Un peu avant l'âge de la majorité religieuse, les enfants commencent à s'habituer au jeûne. L'interdiction des ablutions non rituelles, des parfums, du port de chaussures à semelle ou talon de cuir, relève de la même nécessité de mortification. Elle intervient également dans la vie conjugale. Enfin, tous les travaux défendus le Sabbat le sont avec la même rigueur à *Kippour*, *Chabbath Chabbathone*, « le Sabbat des Sabbats ».

III. Kol Nidrei.

Eblouissante de blancheur, rayonnant de tous ses feux, la synagogue se remplit avant le crépuscule. Le fidèle remplace ses chaussures de cuir par des chaussures d'étoffe et de caoutchouc, par mesure de mortification et pour abolir une séparation matérielle trop solide entre son élan religieux et le sol devenu sacré, comme le fit Moïse au buisson ardent. Il revêt le *Sargueness (Kittel* ou *Takhrikhine)*, blanc suaire qui, tout en inspirant des réflexions sérieuses, évoque la figure du Grand Prêtre qui accomplissait en ce jour son service revêtu de lin blanc. Il se couvre enfin du *Tallith* en récitant à haute voix la bénédiction.

Dès le début de l'office, deux d'entre les personnalités de la communauté encadrent le *'Hazzane* qui chante, lentement, solennellement, par trois fois, le *Kol Nidrei.* Ce sont les premiers mots d'une annulation par anticipation des vœux ou des serments que l'on pourrait s'imposer *à soi-même* d'une manière irréfléchie au cours de l'année à venir et que l'on déclare ainsi à l'avance non avenus. Cet usage procède de la crainte que de telles promesses ne soient pas tenues, et ne concerne pas, bien entendu, celles que l'on pourrait faire à autrui. C'est dans un silence recueilli que tombe cette déclaration dont le texte, moins que la mélodie traditionnelle et l'ombre qui du dehors obscurcit les fenêtres, contribue à créer l'atmosphère de gravité, de crainte, de mystère.

« Il sera pardonné à toute la communauté des enfants d'Israël ainsi qu'à l'étranger qui séjourne parmi eux. » Ce verset (Nomb., xv, 26) qui conclut l'office de *Kol Nidrei* constitue le leitmotiv de toutes les prières de *Kippour.* Le désir nostalgique de rétablir avec Dieu le lien rompu, de s'adresser, sans intermédiaire, à Sa Miséricorde, de s'élever au degré supérieur de la Pureté, ne cesse de transparaître « du soir au soir » suivant dans toutes les oraisons. Fait unique dans l'année, à *Kippour,* l'officiant et l'assemblée clament à haute voix dans la récitation du *Chema'* le verset intercalé « Béni soit le Nom de gloire de Sa Royauté toujours et à jamais ! ». N'est-ce pas aussi le seul jour où Israël ressemble aux anges et se trouve digne de proclamer tout haut cette louange unique de Dieu ?

Certains passent la nuit à la synagogue à dire des psaumes et des cantiques, dont le *Kéthèr Mal-*

khouth, « la couronne royale », célèbre hymne de R. Salomon Ibn Gabirol. D'autres étudient le traité de la Michna de *Yoma* ou lisent des passages du *Zohar*.

IV. La journée de Kippour.

Tôt le matin commence la prière de *Kippour* qui se prolonge sans interruption jusqu'à la sortie des étoiles. Aux offices habituels de fête, *Cha'harith*, *Moussaf*, *Min'ha*, s'ajoute celui de *Ne'ila*, « clôture ». Après les *Tefilloth* usuelles, où s'intercalent nombreux les *Piyoutim*, le *Chemoné-Essrè* à voix basse de sept bénédictions s'achève par la « Confession », le *Viddouy*. Sa répétition se déroule longuement, coupée de *Piyoutim* avant et après la *Qedoucha*, que suivent des *Seli'hoth* — dont la dernière, le *Pizmone*, est chantée — qui s'achèvent sur une nouvelle confession, publique cette fois, dirigée par le *'Hazzane* suivi de toute la communauté. *Achamnou, Bagadnou*... (« Nous avons péché, nous nous sommes rebellés... »), ainsi énumère-t-on dans l'ordre alphabétique les fautes dont chaque individu ne s'est sans doute pas rendu coupable, mais dont la communauté dans son ensemble n'est point exempte. Puis, sauf à *Ne'ila*, s'échelonnent les *Al 'hèt*, nouvelle nomenclature, plus détaillée, des péchés, basée également sur l'ordre alphabétique.

La lecture de la Tora à *Cha'harith* décrit le service du Grand-Prêtre à *Kippour* au temple de

Jérusalem. C'est le magnifique appel à la vraie pénitence qui a été choisi comme *Haftara* (Is., LVII, 14 à LVIII, 14). « *Pourquoi jeûnons-nous sans que Tu t'en aperçoives ?* » *C'est qu'au jour de votre jeûne vous poursuivez vos intérêts... Oui, vous jeûnez pour fomenter querelles et dissensions, pour frapper d'un poing brutal ; vous ne jeûnez point pour que votre voix soit entendue dans les hauteurs. Est-ce là un jeûne que Je choisis, un jour où l'homme se mortifie ?... Courber la tête comme un roseau, se coucher sur le cilice et la cendre, est-ce là ce que tu appelles un jeûne, un jour aimé de l'Eternel ? Mais voici le jeûne que J'aime : rompre les chaînes de l'injustice, briser tous les jougs, libérer ceux qu'on opprime... partager ton pain avec l'affamé, recueillir le malheureux sans asile ; quand tu vois un homme nu, le couvrir, ne jamais te dérober à ceux qui sont comme ta propre chair.* »

Le rituel de *Moussaf* retrace, en termes poétiques, le service du Grand Prêtre dans le Temple, le moment solennel entre tous où, tout de blanc vêtu, il pénétrait dans le Saint des Saints et prononçait le Nom Ineffable, confessant tour à tour ses fautes, celles des prêtres et du peuple entier. « Chaque fois qu'ils entendaient, de la cour du temple, le Nom vénéré et redoutable, sortant de la bouche du Grand Prêtre, en sainteté et pureté, « ils se jetaient face contre terre en s'écriant : « Béni soit le Nom de Gloire de Son Règne, toujours et à jamais. » A l'évocation de cette scène, la communauté se prosterne également, à quatre reprises, faisant revivre ainsi cet usage d'un passé lointain et glorieux.

A *Min'ha*, on lit le chapitre XVIII du Lévitique qui, traitant des incestes et autres unions interdites, constitue un avertissement contre toute corruption morale, un nouvel appel au devoir de sanctification.

Le troisième « appelé » chante, comme *Haftara*, Le Livre de Jonas, démonstration éloquente que l'on ne se refuse pas impunément à l'appel de Dieu dont la Miséricorde s'étend à toutes les créatures, et que tous les hommes ont accès au pardon divin. Le prophète y souligne, d'autre part, que si le Seigneur fit grâce aux habitants de Ninive, ce n'est pas tant pour avoir vu leurs prières et leurs jeûnes que leurs actes, la rectitude de leur conduite.

Ne'ila, ou comme on l'appelle dans les documents anciens *Ne'ilath che'arim*, « fermeture des portes », est le couronnement de *Kippour :* clôture des portes du temple, le soir, ou de celles du Ciel à l'issue de ce grand jour. A cette heure, les destinées vont être définitivement fixées, les jugements « scellés ». Moment émouvant, où la ferveur est à son comble : « *Ouvre-nous la porte, à l'heure où la porte se ferme, car le jour est à son déclin. La lumière baisse, le soleil va disparaître, laisse-nous entrer dans Tes portes !* » Dans de nombreuses communautés, c'est au cours de cet office qu'on procède à la bénédiction sacerdotale. Après *Avinou Malkènou* — où « inscris-nous » est partout remplacé par « scelle notre inscription » —

à la nuit complète, les fidèles répètent, à la suite du *'Hazzane*, à haute voix, la profession de foi « *Chema' Israël...* », puis, par trois fois, « ***Béni soit le Nom de gloire de Son Règne pour toujours et à jamais !*** », enfin, sept fois le verset « Le Seigneur est Dieu » (I Rois, XVIII, 34). Une *Teqi'a* annonce la fin de la fête, suivie par la prière de *Ma'ariv*, avec la *Havdala*, pour laquelle on utilise l'une des veilleuses qui ont brûlé durant les dernières vingt-quatre heures.

Mais l'existence entière n'est qu'un perpétuel dépassement : il faut aller « de progrès en progrès ». Si *Kippour* était le terme d'une longue préparation, il ne marque cependant qu'une étape : dès le soir de *Kippour*, on entame la construction de la *Soukka*.

CHAPITRE VIII

SOUKKOTH

A la gravité des « Jours redoutables » succède la joie de *Soukkoth.* C'est à propos de la « Fête des Cabanes », appelée dans la Bible déjà *'Hag,* « la fête » par excellence, que la Tora énonce : « et tu ne seras que joie » (Deut., XVI, 15). Si la Pâque se dénomme « époque de notre libération », la Pentecôte « époque du don de notre Loi », *Soukkoth* est « l'époque de notre joie ». Joie spirituelle, intime, de l'être purifié, réconcilié avec Dieu. Joie dans l'abondance, c'est la « fête de la récolte », *'Hag haassif,* notamment de la récolte des fruits et de la vendange (Lév., XXIII, 39 ; Deut., XVI, 13). Joie parce que *Soukkoth* rappelle la protection miraculeuse dont Dieu a favorisé Israël pendant sa marche dans le désert : « Afin que vos générations reconnaissent que c'est dans des *soukkoth* que J'ai fait demeurer les enfants d'Israël, lorsque Je les ai fait sortir du pays d'Egypte. » Que ce terme de *soukkoth* désigne véritablement les tentes qui abritaient les Hébreux, selon l'avis de Rabbi Eliézer, ou que, pris au sens figuré, comme l'entend Rabbi Akiba, il s'applique aux nuées protectrices, émanation de la Majesté divine, qui entouraient le camp, la *soukka*, où l'Israélite va résider pendant huit jours, apparaît comme le symbole de la conservation surnaturelle du peuple d'Israël par la Providence.

A l'époque du Temple, la liesse populaire s'y donnait libre cours. La joie trouvait son apogée dans la cérémonie dite « de la libation d'eau », *Sim'hath Beth Hachoèva (Michna Soukka*, v, 1 à 4), dont la liturgie a conservé quelques traces.

Actuellement, *Soukkoth* dure sept jours, du 15 au 21 *Tichri*, les deux premiers jours étant fériés, les cinq suivants demi-fête, *'Hol Hamo'ed*. Immédiatement, le 22 *Tichri*, *Chemini 'Atséreth* lui succède, « huitième » jour, « clôture » de tout ce cycle festival. A de nombreux points de vue, il constitue une fête à part *(Réguel Bifnei 'Atsmo)* qui continue encore le lendemain, dans la Diaspora, sous le nom de *Sim'hath Tora* : on y termine la lecture annuelle du rouleau de la Tora pour la recommencer aussitôt.

1. La soukka.

« *Pendant sept jours vous résiderez dans les cabanes, tout indigène en Israël demeurera dans les cabanes.* » Couverte uniquement de feuillage, la *soukka* se dresse directement sous la voûte du ciel, refusant de l'arbre ou du toit de la maison la protection et l'ombrage. Trois, ou mieux quatre parois la limitent, assez solides pour résister au vent. Parfois elle est perchée sur un balcon dont elle utilise la barre d'appui et le mur, ou bien elle occupe une pièce dans l'appartement situé immédiatement sous le toit, où l'on a remplacé momentanément les tuiles par la verdure. C'est cette voûte rustique, le *sekkakh* — impliqué dans le mot *soukka* — qui représente la partie religieusement la plus importante. Seuls y sont admis branchages et feuillages, échantillons du sol détachés de la terre, soutenus par des lattes en forme de claie. Ils sont suffisamment fournis pour que l'ombre qu'ils projettent sur le sol soit plus étendue que le jour qui parvient à les traverser. Par ses interstices, on peut cependant, la nuit, apercevoir les étoiles et le *sekkakh* n'est pas assez épais pour s'opposer à la pluie. Aussi prévoit-on parfois un toit mobile pour protéger la *soukka* des intempéries.

En échangeant, à la veille de l'hiver, son habitation fixe et solide contre la cabane au toit fragile, dressée sous la voûte du ciel, le fidèle affirme sa dépendance vis-à-vis de Dieu, donne une preuve manifeste de foi et de confiance en la Providence qui assure à Israël sa pérennité.

Pendant les sept jours, la *soukka* remplace littéralement la demeure habituelle. On y prend tous ses repas — sauf s'il pleut ou si le temps est par trop rigoureux. Sont en effet dispensés de la mitsva de la *soukka* tous ceux qui s'en trouvent incommodés. C'est pour cette raison sans doute que la prescription impérative d'y dormir est tombée quelque peu en désuétude dans les pays où le froid en rend l'accomplissement dangereux pour la santé. On y passe son temps, dans la mesure du possible, on y lit et étudie, on y reçoit ses amis. Sa garniture de fruits et de fleurs, de guirlandes d'origine diverse, en rappelle la signification agricole tout en l'égayant. Tapis, draperies, tableaux, le beau linge et la plus riche vaisselle émigrent de la maison pour lui conférer un caractère confortable, sinon luxueux. A chaque fois que l'on se rend dans la *soukka* pour y séjourner et en tout cas avant les repas, on bénit « Celui qui nous a sanctifiés par Ses commandements et nous a ordonné de résider dans la *soukka* ». Dans une prière d'origine cabbalistique, on y invite également certains « hôtes célestes », les *Ochpizine*, du latin « *hospites* », Abraham, Isaac et Jacob, Joseph, Moïse, Aaron et David.

L'usage s'est répandu peu à peu de construire dans la cour de la synagogue une *soukka* communautaire, destinée à ceux qui sont dans l'impossibilité matérielle d'en posséder une.

II. Le Loulav.

« *Vous prendrez, le premier jour, un fruit de l'arbre* Hadar, *une branche de palmier, des rameaux de l'arbre* 'Avoth *et des saules de rivière* (Lév., XXIII, 40).

Pour se conformer à la prescription de ce verset et à l'interprétation incontestée qu'en a donnée la Loi orale, l'Israélite observe, pendant toute la fête de *Soukkoth*, sauf le Sabbat, la mitsva des *Arba' Minim*. Ces « quatre espèces » comprennent un cédrat, *éthrog*, une palme, *loulav*, trois rameaux de myrte, *hadassim*, et deux de saule, *'aravoth*. Ces branches sont liées à la palme, généralement par trois nœuds tressés au moyen de feuilles ou de fibres provenant du *loulav* lui-même, constituant ainsi le « bouquet du *loulav* » *(Agouda)*. Après le *Chemoné-Essrè* de *Cha'harith*, on le saisit dans la main droite, y joignant l'*éthrog* tenu verticalement dans la main gauche, et on les agite par trois fois dans la direction des points cardinaux, puis vers le haut et vers le bas. Une bénédiction précède ces gestes qui se répéteront à plusieurs reprises au cours de la récitation des psaumes du *Hallel* qui suit.

Différentes prescriptions religieuses s'attachent au choix des plantes appelées à composer le bouquet du *loulav*. La pointe de la palme doit être intacte et la feuille qui la termine complètement fermée : la tige centrale, *chidra*, se dresse sans courbure. Les rameaux de myrte, *'ets 'avoth*, « l'arbre au feuillage touffu », sont entièrement recouverts de feuilles ; elles sont, en fait, verticillées tout au long de la tige, trois feuilles étant fixées au même point. Quant aux branches de saule, s'il n'est pas nécessaire qu'elles proviennent des bords de l'eau, on choisit cependant les espèces dont les feuilles sont allongées, légèrement dentelées et les tiges rougeâtres à la maturité. L'*éthrog*, pour être *hadar*, « de toute beauté », ne peut présenter aucune trace de dessication, tache, trou ou boursouflure. Les soins les plus attentifs sont portés à la tige *(okez)* et au stigmate en forme de bouton *(pitam)*.

Il est recommandé de posséder son propre *loulav*, bien qu'à la rigueur on puisse emprunter celui de la communauté.

De ce bouquet, symbole de tous les produits du sol, Israël fait hommage à Dieu en signe de gratitude pour le pays qu'Il lui a donné en héritage, pour la bénédiction qu'Il a accordée au travail de ses mains, et afin d'implorer Sa protection pour l'avenir. Les Sages ont vu aussi dans ces espèces diverses, mais étroitement liées, l'image même de l'unité harmonieuse du peuple d'Israël. En effet, si le saule est privé de fruit et de parfum, le myrte stérile est odorant, le palmier inodore offre un fruit exquis et le cédrat est le fruit délicieux et parfumé d'un arbre qui sent bon de la racine aux feuilles.

III. Rituel.

Les deux premiers jours de *Soukkoth*, jours fériés, des *Piyoutim* ayant trait à la *soukka* et au *loulav* entrecoupent l'office. On lit dans la Tora le passage de la Sidra de *Emor* relatif au Sabbat et aux fêtes dont *Soukkoth* termine la liste. Dans le dernier chapitre de son livre choisi comme *Haf-*

tara du premier jour, le prophète Zacharie annonce qu'un temps viendra où tous les peuples se réuniront pour lutter contre Jérusalem et s'en empareront. Mais le Seigneur sortira alors pour les combattre et les anéantira. « Et ceux qui auront survécu de toutes les nations qui se seront dressées contre Jérusalem y monteront chaque année pour se prosterner devant le Roi, Seigneur des Armées, et célébrer la solennité de *Soukkoth* ». Car, dans sa signification profonde, la fête des Tentes, symbole de la protection divine, est aussi préfiguration de l'ère messianique où l'humanité entière reconnaîtra la souveraineté du seul Dieu.

Le lendemain, la *Haftara*, tirée du livre des Rois, relate l'inauguration du temple de Salomon dont les festivités eurent lieu durant le mois de Tichri et singulièrement pendant *Soukkoth*.

Après la *'Amida* de *Moussaf*, munie de *loulavim*, Séfer Tora en tête, une procession, partant de l'Arche sainte, fait le tour de la *Bima* ou de la synagogue en chantant les *Hocha'noth*. Ces poèmes liturgiques doivent leur nom au terme de *Hocha'na* (Hosanna) qui, comme un refrain, en termine les versets. Le septième jour de la fête, *Hocha'na Rabba*, on tourne sept fois au lieu d'une.

IV. 'Hol Hamo'ed.

Pratiquement, les jours de demi-fête ne présentent plus guère de différences sensibles avec les jours ouvrables ordinaires. Quelques additions dans la liturgie : chant du *Hallel*, lecture de la Loi, office de *Moussaf* avec *Hocha'noth*. Les Achkenazim mettent les *Tefilline* pour *Cha'harith* et les enlèvent avant de se saisir du *loulav*. En principe, de nombreux travaux sont interdits et à maintes reprises nos Sages condamnent ceux qui profanent le caractère semi-sacré de cette période. Seuls sont vraiment autorisés les travaux nécessaires aux besoins de la fête et ceux dont l'abstention entraînerait une perte matérielle sensible. Ils concernent, en premier lieu, les marchandises et produits agricoles risquant de s'avarier — *Davar Haaved* — mais la rigueur des conditions économiques a considérablement élargi cette dernière catégorie.

Le *Chabbath' Hol Hamo'ed*, la lecture de l'Ecclésiaste, précède celle de la Tora. Vanité des vanités, dit Koheleth, tout est vanité... mais crains Dieu et observe Ses commandements, c'est là tout l'homme !... Vanité des biens terrestres, recherche du bonheur éternel et absolu qu'apporte la crainte du Seigneur, idées qu'évoque également la frêle *soukka* dressée à l'approche de la dure saison. La *Haftara* (Ez., XXXVIII, 18 ; XXXIX, 11) s'apparente à celle du premier jour de *Soukkoth* : description du bouleversement général, prélude des temps messianiques, causé par la guerre divine contre *Gog* et *Magog*, l'assemblée des nations.

V. Hocha'na Rabba.

Déjà à l'époque du temple, le dernier jour de *'Hol Hamo'ed* occupait une place à part. Alors que les premiers jours de la fête, les prêtres faisaient une fois, en procession, le tour de l'autel garni de branches de saule, le septième jour, ils tournaient sept fois en s'écriant : « O Seigneur, secours-nous ! » *(Hochia'na)* (Ps., CXVIII, 25). Aujourd'hui, en souvenir de cette cérémonie, tous les fidèles, *loulav* en main, font en cortège sept fois le tour de l'*Almémor*, sur lequel repose un Séfer Tora. Dans de nombreuses communautés, on sort sept rouleaux qui précèdent à tour de rôle la procession. Puis, également pour rappeler une antique coutume, on accomplit la mitsva dite des « *Hocha'noth* » ; après avoir posé le *loulav*, chacun saisit un bouquet de cinq beaux rameaux de saule, liés par une feuille de palmier, puis les effeuille en les frappant par trois fois sur un meuble ou sur le sol *('Hibout 'Arava)*. Si, selon certains, cet usage concrétise la joie de la fête, symbolisant l'abondance des pluies, condition de la fécondité de la terre et de notre prospérité, pour d'autres il préfigure la disparition du mal, signe précurseur de l'avènement messianique. Les résidus des *Hocha'noth* méritant le respect comme ayant servi à une mitsva ne sont pas jetés aux ordures. Certains les conservent pour les brûler avec le *'Hametz* à *Pessa'h*.

Une tradition, remontant au haut Moyen Age,

considère *Hocha'na Rabba*, à côté des « Jours redoutables », comme un jour de jugement céleste. Selon une croyance populaire, le verdict prononcé à *Roch Hachana* et scellé à *Kippour*, reçoit à *Hocha'na Rabba* force exécutoire. Aussi le service synagogal y gagne-t-il une solennité particulière : devant l'Arche sainte et l'*Almémor* à nouveau revêtus de blanc, s'élèvent des prières, et notamment la *Qedoucha* de *Moussaf*, portées par la mélodie des « Jours austères ».

Depuis la fin du XVIe siècle, la nuit qui commence *Hocha'na Rabba* se passe dans l'étude et la prière. On y lit le Deutéronome, des psaumes, des passages du *Zohar*, d'autres textes encore, dans un rituel spécial qui porte le titre de *Tikoun Leil Hocha'na Rabba.*

VI. Chemini 'Atsereth.

Fête de la clôture, clôture du cycle annuel des fêtes. A Israël venu en pèlerinage à Son temple, offrant chaque jour de *Soukkoth* un nombre de sacrifices toujours croissant en faveur des soixante-dix nations de la terre, Dieu, semblable à un père qui reçoit la visite de ses enfants, adresse les paroles suivantes, au moment de la séparation : « Restez donc encore un jour de plus, un jour où nous resterons vraiment entre nous ! »

Nombre de formules liturgiques soulignent le caractère « à part » de cette fête, son individualité propre dont un sacrifice spécial rendait compte jadis. Aussi, en Eretz-Israël, la mitsva de la *soukka* cesse dès la tombée de la huitième nuit ; si elle se maintient encore le 22 Tichri dans la Diaspora, c'est en vertu de la règle qui veut que l'on y prolonge d'un jour les fêtes bibliques. Les usages varient cependant à cet égard ; généralement, on consomme encore dans la « cabane » un ou deux repas, sans toutefois réciter la bénédiction, avant d'en prendre congé pour un an.

Pour la lecture de la Tora des derniers jours de toutes les fêtes de pèlerinage, on a choisi les chapitres XV, 19 à XVI, 17 du Deutéronome qui contiennent, outre les prescriptions relatives à ces trois solennités, les règles des différentes dîmes. En accord avec une expression du dernier verset de ce passage, « chacun selon le don de sa main », s'est créé dans de nombreuses communautés le rite de *Mattenath Yad* (« don de la main ») : le rabbin, portant le livre de la Loi, prononce une bénédiction, *Mi Chébèrakh*, à l'intention de toute la communauté, et particulièrement de ceux de ses membres qui ont manifesté des pensées charitables. Puis la cérémonie de la *Hazkarath Nechamoth*, *Mazkir*, ou *Yizkor*, est consacrée au souvenir des parents disparus et à la mémoire de tous les martyrs d'Israël : née en Europe orientale, elle tend actuellement à se généraliser.

Pendant les six ou sept mois qui séparent *Chemini 'Atséreth* de *Pessa'h* et qui constituent en Eretz-Israël la période des pluies, on intercale dans la deuxième bénédiction du *Chemoné-Essrè*, après la phrase « Tu es puissant à jamais, Seigneur, Tu ressusciteras les morts, Toi qui es grand pour sauver », la formule « Faisant souffler le vent et tomber la pluie ». C'est au cours de l'office de *Moussaf* de cette fête qu'on l'introduit solennellement ; des nombreux morceaux poétiques qui coupent la répétition de la *'Amida*, exaltant l'importance vitale de la pluie dans la nature et dans l'histoire juive, on n'a conservé souvent que la péroraison, chantée par le *'Hazzane* devant l'Arche sainte ouverte. La mélodie, et déjà celle du *Qaddich* précédant cette *Tefillath Guéchem*, rappelle celle des *Yamim Noraïm*.

VII. Sim'hath Tora.

La deuxième journée de *Chemini 'Atséreth*, célébrée dans la *Gola*, possède, comme son nom l'indique, un caractère de liesse tout particulier : « Joie de la Tora », dans l'achèvement annuel de la lecture du Rouleau sacré par sa dernière section des « Bénédictions » inspirées à Moïse avant sa mort, et dans le perpétuel recommencement du cycle avec le premier chapitre de la Sidra de *Berèchith*, « Au commencement Dieu avait créé le ciel et la terre », récité dans un second *Séfer*. Ainsi, l'étude de la Tora ne saurait-elle jamais être considérée comme terminée. Les manifestations joyeuses se donnent libre cours, surtout pendant les *Haqafoth*, lorsque, après avoir sorti de leur armoire tous les rouleaux de la Loi, on les promène processionnellement dans la synagogue, en chantant et dansant, suivant le glorieux exemple donné par Rabbi Isaac Louria, le Maître de la Cabbale au XVIIe siècle. Un cierge allumé est placé dans l'armoire vide, car « la Mitsva est flambeau et la Tora lumière ». Souvent, on a procédé déjà la veille au soir à cette cérémonie. Les jeunes gens se livrent à de folles sarabandes où ils entraînent leurs aînés, tandis que de la tribune des femmes, qui semble avoir perdu sa discrétion coutumière, une pluie de bonbons et de sucreries disperse la troupe disciplinée des enfants brandissant des drapeaux. Ce n'est pas le spectacle le moins émouvant que celui de tel vieux *Talmid 'Hakham*, « étudiant » perpétuel en Tora, dansant avec ferveur, les yeux fermés, avec son *Séfer*, et chez qui on n'aurait jamais supposé ardeur aussi juvénile.

Tous les fidèles tiennent à monter, ce jour-là, à la Tora, isolément ou par groupes, tous les Cohanim avec un Cohen, tous les membres de la tribu de Lévi avec un des leurs, et même à l'appel de *Kol Hane'arim* tous les garçons encore religieusement mineurs accompagnent un adulte qui récite pour eux ou avec eux les bénédictions de la Tora, puis celle de Jacob aux fils de Joseph, *Hamalakh Hagoel*. Le fidèle à qui échoit l'honneur de la récitation des derniers versets du Pentateuque qui relatent la mort de Moïse, et celui pour qui l'on recommencera la lecture des premiers, convoqués avec solennité et abrités parfois sous le dais d'un *tallith* tendu par quatre mains, reçoivent les titres de *'Hathane* (fiancé de la) *Tora* et *'Hathane Berèchith*. Ce sont en général des hommes distingués par leur savoir ou leur pieux dévouement. L'usage veut qu'ils régalent ensuite leurs amis au cours d'un *Qiddouch*, comme pour des fiançailles véritables.

Après la *Haftara*, les *Sefarim* reposant sur l'*Almémor*, la communauté entonne des cantiques : « Réjouissez-vous, jubilez, dans la joie de la Tora ! Nous voulons nous réjouir de cette Tora !... »

Les Sefaradim ont l'habitude d'organiser encore à l'office de *Min'ha* des processions solennelles avec Rouleaux de la Loi.

La joie de *Sim'hath Tora* s'apparente un peu à celle de *Pourim*. Soutenue par l'absorption exceptionnellement recommandée de boissons capiteuses, elle traduit, sous des dehors exubérants, le bonheur intime de l'âme dont la Tora sait sanctifier les passions, la fierté d'appartenir au peuple qui a accepté la charge de pratiquer, étudier et diffuser la doctrine divine, la sérénité conférée par l'absolution de *Kippour*. Selon un dicton, la joie déployée à *Sim'hath Tora* est fonction de la sincérité du jeûne, de la pénitence et de la prière au Jour du Pardon.

CHAPITRE IX

'HANOUKKA

Alors viennent deux mois vides, d'où l'imprévu est banni, deux mois dont le rythme liturgique se déroule monotone de Sabbat en Sabbat, de *Roch 'Hodech* en *Roch 'Hodech.* Trois demi-jeûnes, le lundi, le jeudi et de nouveau le lundi au mois de 'Hechvane, se présentent pour expier les fautes qui ont pu être commises au cours des dernières fêtes. Le 4 ou le 5 décembre, à l'approche du solstice d'hiver, quelques mots modifient légèrement la « bénédiction de l'année » dans la *'Amida.* Et enfin voici *'Hanoukka,* fête de l' « Inauguration » de l'autel, fête des Lumières, ou plus exactement demi-fête, car le travail y est autorisé. Commençant le 25 Kislev, elle dure huit jours et commémore avec les victoires des Macchabées sur les troupes syriennes d'Antiochus Epiphane, de 167 à 165 avant l'ère chrétienne, la réinauguration du temple de Jérusalem sanctifiée par le « miracle de l'huile ». Entraînés par la famille des Hasmonéens, sous la conduite du vieux Grand Prêtre Matathias et de son fils Judas Macchabée, les Juifs fidèles à Dieu et à Sa Loi avaient opposé une résistance opiniâtre à l'ennemi qui prétendait leur interdire l'étude et la pratique de la Tora et leur imposer, par la contrainte et la persécution, l'adoption de la culture grecque et de l'idolâtrie. Après avoir repris Jérusalem et purifié le temple des images et des statues païennes, les Zélateurs de la Foi voulurent y restaurer le culte du Dieu Un et rallumer les lumières quotidiennes du chandelier à sept branches. Alors, ils ne purent trouver qu'une seule fiole d'huile sainte scellée du cachet du Grand Prêtre, tout juste suffisante pour vingt-quatre heures. Fallait-il renoncer déjà à faire rayonner dans le sanctuaire rénové l'éclat perpétuel du candélabre ? Car huit jours étaient indispensables à la préparation de l'huile pure, obtenue par l'agglomération des seules premières gouttes de chaque olive. Mais, rapporte le Talmud (Sabbat, 21 *b*), par miracle, l'huile de la petite fiole dura les huit jours nécessaires : ce sont les huit jours de la fête de *'Hanoukka.* D'où l'institution de son seul rite caractéristique, l'allumage des lumières, huit soirs durant, symbole aussi de la victoire de l'esprit sur la force brutale, du judaïsme sur le paganisme, image de l'âme d'Israël et de sa pérennité.

La nuit est tombée, les trois premières étoiles scintillent. Dans chaque famille dont tous les membres ont eu la possibilité de se réunir à la maison à cette heure, on va procéder, après la prière du soir, à la *Hadlaqath Hanèr.* Quelquefois, seul le chef de famille s'en acquitte au nom de tous, mais, la plupart du temps, tous les hommes, et même les garçons non encore *Bar Mitsva* tiennent à accomplir personnellement la *mitsva.* Aussi chacun aperçoit-il déjà son chandelier garni d'huile (d'olive, de préférence) et de mèches, ou de bougies de cire. *Menora, 'Hanoukia, 'Hanuke-Leuchter,* il porte bien des noms et revêt bien des formes. L'artiste s'est efforcé à l'originalité et à la beauté, quelle qu'ait été sa matière, bois, cuivre, bronze, argent, céramique, etc. Son génie, toutefois, s'est plié aux nécessités des prescriptions religieuses : les huit orifices ou godets sont alignés à la même hauteur, tandis que le neuvième, celui du *Chamach,* « serviteur », s'en distingue nettement par sa position. Pourquoi huit branches, alors que le candélabre de Jérusalem n'en avait que sept ? C'est qu'il ne s'agit pas de reproduire le chef-d'œuvre de Betzalel ou de ses successeurs, ce qui est d'ailleurs défendu, mais seulement d'assurer sur le chandelier la place aux huit lumières qui s'allumeront progressivement, une le premier soir, pour finir le huitième soir par une illumination totale des huit godets.

Si, dans la Diaspora, on n'expose plus, comme à l'époque talmudique, la *Menora* dans la rue devant la porte de la maison, on la place cependant bien en vue, devant la fenêtre, pour qu'elle soit visible du dehors, ou du moins à un endroit où elle attire le regard, « afin de diffuser le miracle... ».

Le chef de famille a saisi la bougie-serviteur dont la petite flamme brûle ; il prononce les bénédictions : « Béni sois-Tu... qui nous as ordonné d'allumer la lumière de *'Hanoukka...* », « qui as fait des miracles pour nos ancêtres en ces jours-là, à cette époque », et, le premier soir, *Chéhé'héyanou*. Il allume la mèche à l'extrême droite, le premier soir, et les soirs suivants il commence par la gauche et remonte vers la droite. Ce faisant, il énonce : « Ces lumières, nous les allumons pour les miracles, les saluts, les merveilles que Tu as opérés pour nos ancêtres par l'entremise de Tes prêtres saints. Pendant les huit jours de *'Hanoukka*, ces lumières sont sacrées et il ne nous est pas permis de nous en servir, mais seulement de les regarder. » C'est pour obéir à cette dernière prescription que le *Chamach* ne sera pas éteint après avoir rempli son office de propagateur du feu et viendra occuper la place qui lui est réservée. Après que chacun a accompli la mitsva à tour de rôle, tous entonnent en chœur le cantique de *Ma'oz-Tsour* où sont évoquées les persécutions et les délivrances d'Israël, depuis l'esclavage d'Egypte jusqu'à la venue du Messie, en passant par la destruction du premier temple, l'histoire d'Esther et celle de *'Hanoukka*. Durant une demi-heure au moins, les jolies flammes jaunes brûleront, sous les regards des assistants qui s'abstiennent alors de tout travail, et spécialement les femmes. Comme, le vendredi soir, la cérémonie a lieu avant l'accueil du Sabbat, c'est-à-dire au moins une demi-heure avant la tombée de la nuit, la quantité d'huile devra être suffisamment abondante ou les bougies assez grandes pour permettre aux lumières de survivre une demi-heure après la sortie des étoiles.

« La proclamation du miracle » se fait également à la synagogue, où une *Menora* est allumée entre *Min'ha* et *Ma'ariv*. La liturgie célèbre *'Hanoukka* en prolongeant par le *'Al Hanissim* les actions de grâces quotidiennes du *Chemoné-Essrè* (après *Modim)* et de la prière après le repas (dans *Nodé Lekha)*, en ajoutant la récitation du *Hallel* et la lecture de la Tora chaque jour, et des *Piyoutim* le Sabbat.

Certains observent encore l'usage, déjà attesté au XIVe siècle, de prendre à *'Hanoukka* des repas maigres relevés par des tartes à la crème. N'est-ce pas, en effet, en saoulant Holopherne avec abondance de lait, qu'en ce temps-là Judith parvint à ses desseins et contribua au salut de son peuple ? En Europe orientale, la consommation de *Lattkes*, sorte de crêpes, donne à la fête son cachet gastronomique particulier.

Tandis que les adultes se livrent à des jeux de cartes, les enfants jouent avec la toupie à quatre faces, le *Trendel* ou *Dreidel*, l'israélien *Sevivone*, où sont gravées les quatre lettres hébraïques initiales des mots *Ness Gadol Haya Cham*, « il y eut là un grand miracle ». Miracle aussi pour les petits, ces distributions de jouets qui ont réussi à supplanter la coutume de « *Hanuke-geld* », l'argent qu'on allait quérir chez les proches parents en échange des souhaits de « Bonne fête ». « Miracle » est le refrain de *'Hanoukka : « Au temps de Matathias... et de ses fils, lorsque la maudite royauté grecque s'est élevée contre Ton peuple Israël pour leur faire oublier Ta Loi et transgresser les décrets de Ta volonté, Toi, dans Ta grande Miséricorde, Tu t'es levé en leur faveur au temps de leur détresse, Tu as pris leur défense, jugé leur procès, vengé leur vengeance, livré les forts aux faibles, les impurs aux purs, le grand nombre au petit nombre, les méchants aux justes, les orgueilleux à ceux qui s'occupent de Ta loi. Tu T'es fait un grand et saint renom dans Ton univers et pour Ton peuple Israël Tu as opéré salut et délivrance comme en ce jour... » ('Al Hanissim).*

CHAPITRE X

DE 'HANOUKKA A POURIM

Deux jours sortent de l'ordinaire :

I. Le 10 Téveth.

Le 10 Téveth, jeûne, anniversaire du début du siège de Jérusalem par Nabuchodonosor. C'est le seul jeûne qui puisse tomber un vendredi, et le plus court de l'année.

II. Le 15 Chevat.

Le 15 Chevat est mentionné par la Michna comme le « Jour de l'an des arbres » *(Roch Hachana,* I, 1), nécessaire pour un certain nombre de lois agraires de la Tora. En Israël, cette journée se solde pour les enfants des écoles par une grande sortie ayant pour but la plantation d'arbres. Ailleurs, on la célèbre à l'aide d'une gigantesque salade de fruits où l'on tente de faire figurer une quinzaine d'espèces.

III. Les quatre Sabbats spéciaux ou des Arba' Parachiyoth.

A l'approche de la Pâque, quatre Sabbats, plus ou moins espacés entre eux, en constituent une sorte de préparation spirituelle ; leur caractère particulier est essentiellement souligné par la lecture, pour le *Maftir*, d'un passage biblique tiré d'un deuxième *Séfer*, avec une *Haftara* correspondante. Ils portent respectivement les noms de *Chabbath Chequalim*, *Chabbath Zakhor*, *Chabbath Para* et *Chabbath Ha'hodech*.

Avant la Néoménie d'Adar, ou de Veadar dans les années embolismiques, à moins qu'il ne coïncide avec elle, le *Chabbath Cheqalim* évoque l'offrande du demi-sicle, *Chéqel* (Ex., XXX, 11 à 16), requise indistinctement de tous les Israélites pour subvenir aux sacrifices de la communauté. Au cas où ce jour est également celui de *Roch 'Hodech*, on sort de l'Arche sainte trois *Sefarim*, le second étant destiné à la lecture spéciale du premier de chaque mois. Le roi Joas, conseillé par le Grand Prêtre Joïada, avait lui aussi proclamé une offrande spéciale pour les réparations du temple, endommagé durant le règne de sa grand-mère Athalie : tel est le sujet de la *Haftara* de la *Parachath Cheqalim*.

Le passage du Deutéronome (XXIV, 17 à 19) lu,

le *Chabbath Zakhor* (« se souvenir »), celui qui précède *Pourim*, rappelle l'antique lutte soutenue par Israël contre Amalek, et dont l'épisode historique, que commémore la fête à venir, présentera une nouvelle phase : Haman, descendant du roi amalécite Agag, s'opposant à nouveau au peuple élu, dont les benjaminites Esther et Mardochée s'avéreront les défenseurs, après leur ancêtre Saül, qu'évoque à son tour la *Haftara* tirée du premier livre de Samuel. L'obligation mentionnée dans la Tora « d'effacer le souvenir d'Amalek », symbole du mal, imposée également au premier roi d'Israël, garde une valeur éternelle, le peuple de Dieu ayant pour mission de se poser à jamais en champion du Bien.

Une semaine ou deux après *Pourim*, le *Chabbath Para*, c'est au livre des Nombres (XIX) qu'on emprunte la lecture supplémentaire. Il s'agit des prescriptions relatives aux cendres de la « Vache » *(Para)* rousse qui, mêlées à de l'eau de source, servaient à purifier par aspersion ceux que le contact d'un mort avait rendus impurs. Cette condition était indispensable pour permettre aux pèlerins d'accomplir le sacrifice de l'agneau pascal au temple. Pureté morale retrouvée d'Israël dans les temps futurs, tel est le sujet de la *Haftara*, Ch. XXXVI d'Ezéchiel (v. 16 à 36). « Je vous donnerai un cœur nouveau et vous inspirerai un esprit nouveau, J'arracherai de votre corps le cœur de pierre et le remplacerai par un cœur de chair... »

Le dernier Sabbat de la série, celui qui précède

immédiatement *Roch 'Hodech* Nissane ou coïncide avec lui, le *Chabbath Ha'hodech*, la *Paracha* additionnelle contient, outre la désignation du mois de Nissane comme le « premier des mois », l'institution et les prescriptions de la fête de *Pessa'h*. C'est aussi le « Sabbat du Renouveau », suivant l'interprétation traditionnelle « ce mois sera pour vous le début des renouvellements ».

Ainsi ces quatre Sabbats marquent comme des jalons la voie qui mène à la Pâque : effort solidaire unanime, destruction du mal, purification, renouveau...

CHAPITRE XI

POURIM, FÊTE DES SORTS [1]

Le 14 Adar — ou Veadar, dans une année embolismique — survient *Pourim*, joyeux et populaire. Demi-fête, il présente nombre de points communs avec *'Hanoukha*, mais aussi une différence essentielle. Si la lumière était le symbole caractéristique de *'Hanoukha*, à *Pourim* les réjouissances matérielles sont obligatoires, car ce n'est pas à l'âme d'Israël que se sont attaqués les Perses d'Assuérus, mais à son existence matérielle. En effet, comme le relate le livre d'Esther, la *Meguilla* (« rouleau »), le peuple juif, dans les 127 provinces de l'empire perse, était menacé d'extermination, à l'instigation de l'ambitieux et vaniteux Haman, descendant d'Amalek : une fois de plus, il fut miraculeusement sauvé. Pourtant, dans le récit hébraïque de ces événements, tel qu'il a été accepté dans le canon biblique, nulle mention n'est faite de « miracle », et, phénomène unique

1. *Pour* = sort, en persan.

dans la Bible, le Nom divin est absent du « Rouleau d'Esther ». C'est que la *Meguilla* est comme le vade-mecum d'Israël en exil, les miracles éclatants ne sont plus de saison, tout se passe apparemment sans l'intervention de Dieu, mais la Providence invisible, derrière la scène, guide les événements.

I. Le jeûne d'Esther.

Le 13 Adar, veille de *Pourim,* a été accepté comme jeûne public, sous le nom de *Ta'anith Esther,* bien que n'étant pas d'institution biblique. Si *Pourim* tombe un dimanche, le jeûne ne pouvant avoir lieu le jour du Sabbat est avancé au jeudi précédent. D'après certains de nos maîtres — dont Maïmonide — il a été fixé en souvenir des trois jours d'abstinence imposés par Esther à elle-même, ainsi qu'aux Juifs de Suse, avant son audacieuse démarche auprès du roi (Esther, IV, 16), mais la plupart pensent que les générations postérieures l'ont accepté à l'instar de leurs ancêtres de l'époque de Mardochée qui se sont préparés au combat par le jeûne et la prière.

Le 13 Adar au soir, avant ou après l'office de *Min'ha,* il est d'usage que chacun fasse l'offrande de trois *Ma'hatsith Hachéqel,* soit trois pièces ou billets de la moitié de l'unité monétaire du pays, en souvenir de l'impôt du demi-sicle, payé à l'époque du Temple au cours du mois d'Adar. Cet argent est ensuite distribué aux pauvres de la communauté ou aux œuvres d'Eretz-Israël.

II. Meguilla.

Après l'office de *Ma'ariv*, on procède à la *lecture solennelle de la Meguilla, première mitsva de Pourim*, que l'on répétera le lendemain matin, après le récit de l'attaque d'Amalek dans le désert, tiré du livre de l'Exode. Chacun est tenu de l'écouter, sinon de la lire lui-même dans un « Rouleau *kacher* » écrit sur parchemin selon les règles et exempt de faute ou de lacune. Mais il faut prêter attention, de crainte d'en perdre un seul mot. Ce qui n'est pas toujours facile, car aucun rabbin n'a jamais réussi à empêcher les enfants déjà excités de manifester bruyamment leur joie en tapant des pieds ou agitant leurs crécelles à chaque fois qu'ils entendent prononcer le nom maudit d'Haman. Aussi, par mesure de précaution, beaucoup suivent dans une *Meguilla kechèra* la lecture faite à haute voix par l'officiant. Auparavant, celui-ci a déroulé le manuscrit, puis l'a plié, feuille sur feuille, « comme une lettre », « la lettre de *Pourim* », ainsi qu'on la nomme. Après trois bénédictions (Béni sois-Tu... qui nous as ordonné de lire la *Meguilla*, ... qui as fait des miracles pour nos ancêtres en ces jours-là, à cette époque, ... qui nous as fait vivre, subsister et atteindre jusqu'à cette époque), il entame le récit sur une cantilation traditionnelle et suivant certaines règles ; ainsi les dix noms des fils d'Haman seront prononcés d'une seule traite, comme pour montrer qu'ils sont morts tous à la même minute. Une dernière bénédiction et des *Piyoutim* précèdent les prières finales usuelles.

III. Autres Mitsvoth.

La journée même du 14 Adar est très chargée. Tout d'abord, il s'agit d'observer la *deuxième mitsva de Pourim* instituée par Mardochée et les autorités religieuses de son temps, et intitulée « *envoi mutuel de cadeaux et dons aux pauvres* ». Cadeaux comestibles, au moins deux par colis, vin, liqueur, fruits, sucreries, gâteaux de miel, Homentaschen, Pürim kichlich... dont la distribution se fait le jour même. Les enfants, déguisés, par bande ou séparément, aiment se charger de ces répartitions. Les voici qui arrivent dans une maison amie avec saucisson et gâteaux, en repartent avec fruits et boîtes de conserves qu'ils iront porter ailleurs pour recevoir en échange sirop et confiture ! Atmosphère de joie et d'amitié, d'où la farce n'est pas absente. Mais il est surtout recommandable de multiplier les dons aux pauvres, enseignent les rabbins : le minimum prescrit de deux offrandes à deux indigents se voit largement dépassé, personne ne doit refuser à une main qui se tend.

La troisième mitsva, également obligatoire, est réservée pour la dernière partie de la journée, après la prière de *Min'ha :* c'est le « festin », la *Se'oudath Pourim*, qui empiétera sans inconvénient sur le 15 Adar, *Pourim* de Suse, célébré encore dans certaines villes de Palestine, et qui ailleurs bénéficie encore de la gaieté de la veille et de la suppression du *Ta'hanoun* dans l'office du matin et de l'après-midi. Voici l'occasion unique où l'esprit et le corps d'Israël s'abandonnent librement à la joie : revues, comédies, mascarades, ripailles et beuveries, même si l'on ne prend pas à la lettre la boutade talmudique qui prescrit à *Pourim* de boire au point de ne plus savoir distinguer entre « Maudit soit Haman » et « Béni soit Mardochée »...

Dans l'Etat d'Israël, la liesse populaire revêt de nouvelles couleurs carnavalesques avec l'*Adlayada* (« au point de ne plus savoir »). « *Toutes les rues ; suites de chars burlesques, de mascarades, de pantins et de croquemitaines, de crécelles et de mirlitons. Parodies en famille, parodies à l'école, chez les* 'Haloutzim. *Le papa devient cuisinier ; le dernier de la classe, professeur ; le bébé au sein, gérant de* Kibboutz... *Les immigrés d'Israël qui se souviennent de délivrances coûteuses, se félicitent jovialement de retrouver, dans leurs opérettes, une Esther et un Mardochée qui, pour une fois, les tirent d'affaire sans aucun dégât, un persécuteur raté, Haman, qui les rate par son imbécillité et un Assuérus qui s'endort en murmurant : « Quand le Messie viendra, on ne lira plus la* Meguilla ! » (E. Fleg, dans *Terres saintes*, p. 372-373).

Et maintenant, il faut déjà penser aux nettoyages de *Pessa'h !*

CHAPITRE XII

PESSA'H, LA PAQUE[1]

I. Signification.

Pessa'h, fête du « passage » du Seigneur par-dessus les maisons des enfants d'Israël pour les préserver de la dixième des plaies d'Egypte, et fête de l' « agneau pascal » consommé jadis le premier soir de la fête.

Fête des Azymes, 'Hag Hamatsoth, ainsi nommée dans la Tora.

Fête du Printemps, 'Hag Haaviv, liée à la moisson de l'orge, dont une mesure *('Omer)* apportée en prémices le deuxième jour de *Pessa'h* précédait obligatoirement la consommation de la nouvelle récolte.

Epoque de notre libération (suivant l'expression de la liturgie), de la servitude égyptienne, création d'Israël en tant que peuple.

En Eretz-Israël, *Pessa'h* dure du 15 au 21 Nissane inclus, et dans la Diaspora un jour de plus, deux jours fériés encadrant de part et d'autre ceux

1. Cf. *La Pâque dans la conscience juive,* dans la même collection.

de *'Hol Hamo'ed.* Mais le mois de Nissane tout entier baigne dans une ambiance festivale, en souvenir aussi d'autres événements importants qui s'y sont déroulés, tels que l'érection du tabernacle du désert et les sacrifices d'inauguration des douze chefs de tribu. Les supplications journalières *(Ta'hanoun)* et les manifestations de deuil sont supprimées en Nissane.

Cependant, on n'a pas attendu, pour entreprendre les préparatifs de la fête, le début de ce mois. Une antique tradition veut que trente jours avant chaque solennité on commence à donner de ses prescriptions une explication publique. Ce devoir s'avère pour *Pessa'h* plus rigoureux encore, en considération de la multitude et de la complexité des règles qui le concernent. Aussi, jadis, le rabbin se bornait-il à prêcher le Sabbat précédant la Pâque, *Chabbath Haggadol*, et celui des dix jours de pénitence, *Chabbath Chouva.*

C'est donc déjà le lendemain de *Pourim* que la maîtresse de la maison en organise le « grand nettoyage » pour enlever peu à peu tout le *'Hametz* qui s'y trouve. « Pendant sept jours, aucun levain ne sera trouvé dans vos demeures, car quiconque mangera du *'Hametz* sera retranché de la communauté d'Israël » (Ex., XII, 12). Il s'agit, en fait, de la triple défense de consommer, d'utiliser, de posséder, pendant la durée de la fête, du *'Hametz*, c'est-à-dire, d'après la Tradition orale, *tout produit issu de cinq espèces de céréales, blé, orge, épeautre, avoine et seigle, qui, sous l'influence de ferments, sous l'action de la chaleur ou de l'humi-*

dité, subit le processus chimique de la fermentation. On ne se contente pas de débarrasser progressivement les buffets des provisions de nouilles et de farine, de biscottes et de gâteaux secs. Dans la poursuite assidue des éventuelles miettes de pain et des débris plus ou moins microscopiques de céréales susceptibles de fermenter, un assaut farouche est livré à la poussière et au désordre. Bien que, suivant le dicton alsacien, « poussière ne soit pas *'Hametz* », les parquets sont frottés, cirés, et les tapis secoués, les armoires rangées et les vêtements battus, les poches retournées. On surenchérit, on raffine. Peu à peu, à l'approche de la fête, le nombre des pièces normalement habitables diminue ou, du moins, leur utilisation est soumise à d'abondantes recommandations : surtout ne rien manger dans les chambres à coucher ! Ne pas apporter de tartines au salon !

En éliminant ainsi le levain de sa demeure, l'Israélite recherche, parallèlement, à extirper « tous les ferments » que l'« instinct du mal », le *Yètser Hara'*, a pu déposer dans son cœur. Enfin, en s'abstenant pendant *Pessa'h* de *'Hametz*, symbole de la force matérielle, il voudra porter témoignage que son salut fut l'œuvre exclusive de l'Esprit divin.

II. Veille de Pessa'h.

A l'orée du 14 Nissane, dès la tombée de la nuit, le *Ba'al Habayith* procède à la recherche officielle du *'Hametz*, la *Bediqa*, que solennise une bénédiction. A la lumière d'une simple bougie de cire, capable d'éclairer coins et recoins, fentes, fissures ou cavités susceptibles d'abriter du *'Hametz*, muni d'une plume pour recueillir dans un chiffon tendu sur une spatule de bois les miettes rebelles, suivi par toute la maisonnée qui lui emboîte le pas, il parcourt toutes les pièces de l'habitation. Mais comme, depuis des semaines, celle-ci a été nettoyée, récurée, fouillée de fond en comble, il risque fort de revenir bredouille et d'avoir prononcé une *Berakha Levatala*, une « bénédiction non motivée ». Aussi la maîtresse de maison a-t-elle pris soin de disposer à l'avance de petits morceaux de pain un peu partout, ce qui provoque des remarques semi-ironiques sur le peu de soin qu'elle a apporté dans son « grand nettoyage » et la grande joie des enfants. La *Bediqa* est conclue par une déclaration « d'annulation », *Bittoul 'Hametz*, rédigée originellement en araméen : « *Que tout le levain et le* 'Hametz *qui se trouvent encore en ma possession, que je n'ai pas vus et n'ai pas enlevés, soient considérés comme nuls, semblables à la poussière de la terre.* » Cette déclaration ne comprend évidemment pas le *'Hametz* réserve pour le repas du soir et du lendemain matin, soigneusement gardé dans un endroit fermé pour éviter qu'il ne s'éparpille. Elle sera réitérée le jour suivant, vers onze heures, après le *Bi'our 'Hametz*, la combustion des derniers vestiges de « produits fermentés ». Une légère modification est alors introduite : « ... que je l'aie vu ou ne l'aie pas vu, que je l'aie détruit ou ne l'aie pas détruit... »

En effet, la consommation du *'Hametz* n'est plus autorisée que pendant le premier tiers de la journée, soit quatre heures après le lever du soleil. Durant une heure encore, il est loisible d'en tirer un dernier profit, d'en faire cadeau ou de le vendre à un non-Juif, par exemple. Si l'on a recours à cette transaction, possédant encore une quantité de *'Hametz* suffisamment importante pour hésiter à la perdre, un acte particulier, rédigé en hébreu dans les formes légales prescrites, en confirme la réalité, à moins qu'on ne remette à cet effet pleins pouvoirs à un rabbin qui opère ce trafic au nom de tous ceux qui s'adressent à lui. Après la fête, on peut effectuer le rachat des produits vendus.

Depuis quelques jours déjà, les rayons, vidés de leur ancien contenu, ont accueilli de nouveaux comestibles, de ceux qui donnent à cette fête une physionomie gastronomique si particulière : paquets d'azymes dûment tamponnés pour garantir que leur fabrication s'est déroulée dans le respect des prescriptions religieuses ; sacs emplis de matsoth finement broyées qui serviront de farine ; boîtes de graisse d'oie, de fécule, bouteilles de vin et de liqueur, munies d'étiquettes assurant qu'aucun ferment interdit n'y a été introduit... La vaisselle de toute l'année a également disparu. De nouveaux services, extraits de caisses ou de placards qui les avaient hébergés depuis douze mois, la remplacent. La batterie de cuisine et les couverts ont changé, eux aussi, à moins qu'on n'ait rendu utilisables ceux dont on se sert le reste du temps, par les procédés de la *Hag'ala* ou du *Liboun*, après un non-usage de vingt-quatre heures. Le premier de ces procédés s'applique à l'argenterie et aux casseroles ; c'est l'immersion dans l'eau, maintenue en constante ébullition, d'un récipient *kacher* pour *Pessa'h*, suivie d'un rinçage sous le robinet. Le second est destiné aux poêles à frire et autres ustensiles où l'on n'emploie que la graisse comme moyen de cuisson ; il consiste à faire rougir au feu ces objets métalliques. C'est de cette manière qu'on « cachérise » les fours des réchauds, afin de pouvoir les utiliser pour la pâtisserie du *Yom Tov*. Si l'on désire garder à Pâque la même verrerie qu'en temps normal, il suffit d'en emplir d'eau chaque pièce, eau que l'on renouvelle quotidiennement durant trois fois vingt-quatre heures.

Parce que l'ange du Seigneur qui avait frappé tous les premiers-nés d'Egypte avait épargné ceux d'Israël (Ex., XII, 27), il est d'usage que dans chaque famille le premier-né jeûne *'Erev Pessa'h*. S'il est mineur, son père jeûne à sa place. Une dispense existe cependant pour celui qui serait astreint à jeûner s'il participe à une *Se'oudath Mitsva*, repas en l'honneur d'une cérémonie religieuse, telle que circoncision ou rachat du premier-né. Le rabbin s'arrange généralement pour achever ce matin-là l'étude d'un traité du Talmud, *Siyoum*, ce qui donne lieu également à une telle *Se'ouda*.

A midi, sur la table garnie déjà de la vaisselle de *Pessa'h*, il n'est naturellement pas servi de pain, mais non plus de *matsa*, afin d'en réserver la primeur pour la fête, le soir. Les heures suivantes sont consacrées aux derniers apprêts culinaires et à la confection du plat du *Séder*. C'est ce moment que les plus pieux choisissent pour confectionner eux-mêmes les *matsoth* des deux soirs du *Séder* — *Matsoth Chel Mitsva* — ou encore *Matsoth Chemouroth*, dont le blé a été « gardé » spécialement dès la moisson, alors que dans les autres cas la surveillance ne commence qu'au moulin.

III. Le Séder.

Au retour de la synagogue, les convives trouvent la table somptueusement dressée, mais pas comme à l'accoutumée. Au milieu, trône le « plat du *Séder* », qui dans chacun de ses trois rayons abrite une *matsa* épaisse, dite Mitsva, recouverte d'un napperon : pain de misère, signe de servitude, évocation aussi du départ précipité, vers la liberté, qui ne laissa pas « à la pâte le temps de fermenter ». Couronnant le tout, s'alignent de petits récipients au contenu symbolique : en avant, le *Karpass*, « verdure », représenté par du persil, du cerfeuil ou des radis ; à sa gauche, de l'eau salée ou du vinaigre ; au second plan, le *Maror*, laitue et raifort, herbes amères comme l'amertume de la vie d'Israël en Egypte. A gauche, le *'Harosseth*, pâte brunâtre, où se mêlent pommes, amandes, cannelle, baignées de vin rouge, imite le mortier et l'argile des briques exigées par le Pharaon de ses esclaves. Enfin, la *Zeroa'*, os garni de viande, rôti à la braise, évoque l'antique agneau pascal, tandis qu'à sa gauche un œuf cuit dans la cendre figure, selon les uns, les sacrifices de la fête, *'Haguiga*, ou, signe de deuil, rappelle selon d'autres, au milieu de la joie, la destruction du temple de Jérusalem. Nul couvert ne marque la place des convives, que désigne seulement une *Haggada*, récit rituel de la soirée pascale, souvent traduite et artistement enluminée, et une coupe, pour le vin. A quatre reprises, au cours de la cérémonie, chacun devra vider son verre, en témoignage de bonheur et de gratitude envers Dieu. Quatre coupes, *Arba' Kossoth*, correspondant aux quatre expressions de la présence divine, aux quatre étapes de la délivrance : « *Je vous ferai sortir... Je vous affranchirai des lourds fardeaux... Je vous sauverai... Je vous prendrai pour Moi comme peuple* » (Ex., VI, 6-7). Devant le maître de maison, un second gobelet sera rempli en l'honneur du prophète Elie, annonciateur futur du salut final, attendu ce soir-là dans tous les foyers où se célèbre le *Séder*.

A la tombée de la nuit, la cérémonie commence et se déroule selon l'« ordre », le *Séder*, prescrit, qu'un poème résume en tête de la *Haggada* : *Qaddech Oure'hatz...* Après le *Qiddouch*, on vide la première coupe, en s'accoudant sur le côté gauche, comme le faisaient jadis les hommes libres étendus sur leurs lits en fer à cheval, car à Pâque tout Juif se sent libre, comme s'il était lui-même sorti d'Egypte. Le *Ba'al Habayith* se lave les mains *(Re'hatz)*, puis, trempant le *Karpass* dans l'eau salée, il bénit « Celui qui a créé le fruit de la terre », et, en ayant mangé, en distribue à tous les assistants. Il « partage » la *Matsa* du milieu *(Ya'hatz)*, réservant la plus grande moitié pour l'*Afikomane*, le « dessert des desserts ». Alors, soulevant le plat du *Séder*, il annonce : « Voici le pain de misère que nos pères ont mangé en Egypte. Quiconque a faim, qu'il vienne et mange, quiconque est dans le besoin, qu'il vienne célébrer Pessa'h avec nous ! » La seconde coupe remplie et non vidée met le comble à la curiosité de l'enfant devant un rituel si différent de ce qu'il est habitué à voir. Il entre en scène pour poser les quatre questions, car c'est lui le centre de la cérémonie, c'est à lui que la Tora destine ce récit *(Maggid)* : « Tu raconteras à ton fils ce jour-là et lui diras : C'est à cause de ce que Dieu a fait pour moi quand je suis sorti d'Egypte » (Ex., XIII, 8). L'enfant (ou le plus jeune des convives) demande : « En quoi se distingue *(Ma Nichtana)* cette nuit de toutes les nuits ? » Pourquoi ne mange-t-on que des *Matsoth* et pas de pain ? Pourquoi seulement des herbes amères ? Pourquoi trempe-t-on deux fois ? Pourquoi mange-t-on accoudé ? Et le père de répondre dans le langage traditionnel, auquel il ajoute souvent des explications : « Nous étions esclaves de Pharaon en Egypte... » Les paragraphes s'enchaînent, les versets bibliques se mêlent aux récits et commentaires de la Michna, au Midrach : les rabbins de Bné Brak, les quatre fils — le Sage, le Méchant, le Simple et Celui-qui-ne-sait-pas-questionner — et la servitude en Egypte, les durs travaux ; puis les dix plaies qu'on énumère en prélevant de son verre dix gouttelettes de vin ; et le devoir d'expliquer les trois mitsvoth pascales de l'agneau, des azymes et des herbes amères ; les louanges du *Dayènou* et du *Hallel* ; la deuxième coupe enfin vidée. A l'ablution des mains succèdent alors les bénédictions sur le pain, *Hamotsi*, et la mitsva des *Matsoth*, suivies de la consommation de fragments d'azymes ; en trempant la laitue dans le *'Harosseth*, on loue « Celui qui nous a ordonné de manger des herbes amères », et on rappelle l'ancien usage de Hillel « en souvenir du temple » en goûtant du raifort râpé pris en sandwich entre deux morceaux de *matsa*. Le repas arrive comme une sorte d'entracte ou plutôt d'intermède faisant lui-même partie du programme, enregistré sous le nom de *Choul'hane 'Orekh*. Le menu lui-même, invariablement fixé dans chaque pays, offre aux uns les boulettes de *matsoth (matse-knepfflich)*, la carpe à l'ail, et le poulet, tandis qu'il présente à d'autres du riz ou des fèves vertes et des tripes à la mode de Caen.

Quoi qu'il en soit, partout figure la même conclusion : l'*Afiqomane* ; le morceau de la deuxième *matsa*, réservé à cet effet au début de la cérémonie, a été caché *(Tsafoun)*, doit être retrouvé et réparti entre les différents assistants, afin qu'ils restent sur le goût de la mitsva. Mais les enfants se sont efforcés de s'en emparer avec la complicité bienveillante des adultes, afin de l'échanger contre une promesse de cadeau. La troisième coupe remplie, le *Birkath Hamazone* entame la deuxième partie du *Séder*. La troisième coupe vidée, on ouvre la porte — signe de confiance en Dieu, invitation au prophète Elie de faire son apparition — et on récite les versets « Répands Ta colère... » (Ps., LXXIX, 6-7 ; LXIX, 25 ; Lam., III, 66), annonciateur de la destruction future, totale, du paganisme. La quatrième coupe sera vidée au souhait de « L'an prochain à Jérusalem ! ». Et cependant que les petits luttent désespérément contre le sommeil, sur les derniers psaumes du *Hallel* et les populaires cantiques *Adir Hou, Ki Lo Naé, E'had Mi Yodéa, 'Had Gadya*, la soirée s'achève.

La prière du coucher est abrégée en cette « nuit réservée » qui jouit d'une protection divine particulière.

La Diaspora fête, bien entendu, deux soirées du *Séder*, les deux soirs de *Yom Tov*.

IV. Rituel.

Dans la deuxième bénédiction du *Chemoné-Essré*, la formule « qui fait souffler le vent et tomber la pluie... » qui y avait été intercalée durant les mois d'hiver, de pluie en Eretz-Israël, est remplacée, l'été, chez les Sefaradim, par « qui fait tomber la rosée... », tandis que les Achkenazim la suppriment simplement. A l'instar de la *Tefillath Guéchem* de *Chemini 'Atséreth*, « la prière pour la rosée », *Tefillath Tal*, s'insère dans le *Moussaf* du premier jour de *Pessa'h*, enrichie — dans le rite achkenazi — de *Piyoutim* d'Eleazar Ha-Kalir, l'un des maîtres de la poésie synagogale du haut Moyen Age.

V. Le compte du 'Omer.

« Puis vous compterez chacun, depuis le lendemain de la fête, depuis le jour où vous aurez offert le *'Omer* du balancement, sept semaines qui doivent être complètes, soit cinquante jours, et vous offrirez au Seigneur une offrande nouvelle » (Lév., XXIII, 15-16). Aussi le deuxième soir de la Pâque débute ce « compte du *'Omer* » *(Sefirath Ha'omer)*, poursuivi jour par jour, puis aussi semaine par semaine. A la synagogue, après avoir béni « Celui qui nous a ordonné de compter le *'Omer* », le rabbin, debout, proclame : « Aujourd'hui, c'est un jour dans le *'Omer* », et la communauté répète toutes ses paroles. Le septième soir, on annoncera : « Aujourd'hui, ce sont sept jours, qui sont une semaine dans le *'Omer*. » Et ainsi de suite. Celui qui n'assiste pas à l'office public accomplit la mitsva chez lui, de préférence dès la sortie des étoiles, sinon à toute heure de la nuit, à la rigueur durant le jour encore, mais alors sans bénédiction. Lien entre *Pessa'h* et *Chavou'oth*, entre la délivrance matérielle et la libération spirituelle qui l'a suivie grâce au don et à l'acceptation de la Tora, préparation quotidienne à la Fête de la Révélation, telle apparaît la valeur symbolique de cette « supputation » prise au pied de la lettre.

VI. 'Hol Hamo'ed.

Les mêmes particularités qu'à *Soukkoth* marquent le caractère semi-festival de la période de *'Hol Hamo'ed.* Chaque matin on sort deux rouleaux de la Loi, pour lire, dans le premier, un passage de la Tora relatif à la Pâque, différent chaque jour, tandis que dans le second on rappelle les sacrifices de jadis, tels qu'ils sont décrits dans Nombres, XXVIII, 19-25. Le *Chabbath 'Hol Hamo'ed* — ou bien le septième ou le huitième jour de *Pessa'h* tombant un samedi, la récitation du Cantique des Cantiques, la *Meguilla* du printemps — interprété comme un duo d'amour entre Dieu et la communauté d'Israël, précède la sortie des *Sifrè Tora.* Si, dans les synagogues du rite achkenazi, on se contente d'une lecture silencieuse et individuelle, il en est d'autres qui lui prêtent la solennité d'une récitation cantilée dans un rouleau manuscrit, à l'exemple du livre d'Esther. La *Haftara* du jour relate la vision des ossements desséchés qui se lèvent, soudain, ranimés par le souffle divin, au milieu d'un bouleversement de tous les éléments (Ez., XXXVII, 1-15)

VII. Les deux derniers jours de fête.

Selon la tradition, c'est le septième jour de la sortie d'Egypte que l'armée de Pharaon, lancée à la poursuite des fugitifs, a été noyée dans la « mer des Joncs ». Aussi cet épisode sert-il de thème à la liturgie du septième jour de la fête, tandis qu'il revit dans sa narration antique lors de la lecture de la Loi (Ex., XIII, 17 ; XV, 26) : passage et cantique de la mer Rouge. Du *Hallel*, on a supprimé quelques psaumes : « Comment Mes enfants, dit Dieu, entonneraient-ils des chants de joie lorsque tant de Mes créatures ont péri dans la mer ? » La majesté de la fête aurait souffert de sa suppression totale, aussi a-t-on trouvé ce moyen terme. Une semblable restriction a été apportée au *Hallel* des matins de *'Hol Hamo'ed*, afin de ne pas leur attribuer des honneurs dont étaient privés deux jours de *Yom Tov* véritable.

Le huitième jour, la *Haftara* est empruntée au prophète Isaïe (Is., X, 32 ; XII, 6) ; après les premiers versets relatant la défaite du roi d'Assyrie Sennachérib qui, selon la tradition, a eu lieu la première nuit de Pâque, s'épanouit une belle vision messianique. Comme à *Soukkoth*, les cérémonies de *Mattenath Yad* et *Hazkarath Nechamoth* précèdent l'office de *Moussaf*.

Le soir, à l'issue de la fête, grand remue-ménage : il s'agit d'emballer à nouveau la vaisselle spéciale dans ses caisses ou ses placards, où elle reposera pour un an, et de faire réapparaître la vaisselle habituelle.

Chez les Sefaradim, l'issue de la fête est célébrée de manière bien plus solennelle. C'est la nuit de la *Mimouna.* Au retour d'une longue promenade, les chambres sont parsemées de gerbes de blé que l'on arrose de lait ou de petit lait. Les Juifs algériens sont très attachés à ces rites qui, suivant les localités, sont agrémentés encore de coutumes diverses.

A partir du premier Sabbat après *Pessa'h,* à la place des psaumes, on lit l'après-midi un chapitre des *Pirkè Avoth,* « Traités des Principes », ou « Chapitres des Pères » (de la Michna), où se trouvent résumés les enseignements moraux de la Loi orale.

CHAPITRE XIII

LA PÉRIODE DU 'OMER

D'après un récit talmudique (Yevamoth, 62 *b*), des milliers de disciples de Rabbi Akiba — un des maîtres les plus éminents de la période qui a suivi la destruction du second temple — périrent au cours d'une épidémie de croup, entre Pâque et Pentecôte. C'est à ce triste événement qu'on attribue le fait que ces semaines ont revêtu un caractère de deuil contraire à leur nature : ne devraient-elles pas compter parmi les plus heureuses de l'année, à l'époque de la moisson, dans l'attente de la fête de la révélation de la Loi ? Il est vraisemblable que le souvenir des persécutions juives consécutives aux Croisades et survenues particulièrement dans cette même période n'a fait qu'en accentuer encore la gravité[1]. On n'y célèbre pas

1. C'est sans doute pour cette raison que l'on récite, le samedi avant Pentecôte, une prière spéciale en souvenir des martyrs de la Foi *(Av Hara'hamim)*, chez les Achkenazim. Toutefois, les Polonais la disent chaque semaine.

de mariage. On évite les plaisirs, comme lors de la perte d'un être cher, on n'a point recours aux soins du coiffeur. Pour les Sefaradim, la période de deuil s'étend du premier au trente-troisième jour du *'Omer* ; les Achkenazim l'observent en général depuis le lendemain de la Néoménie d'Iyar jusqu'à celle du mois suivant, ou jusqu'au 3 Sivane, abstraction faite du trente-troisième jour, considéré comme demi-fête.

Lag Ba'omer (Lag = 33). Le 18 Iyar où, d'après la tradition, l'épidémie qui décimait les élèves de Rabbi Akiba prit fin, fait partie des jours ouvrables où la supplication journalière *Ta'hanoun* est supprimée, et il vient signaler la suspension durable pour les uns, momentanée pour les autres, du deuil. Jour anniversaire de la mort du grand Tanna Rabbi Siméon bar Yo'haï, maître vénéré des Cabbalistes, *Lag Ba'omer* est célébré avec une pompe particulière à Mérone, près de Safed, où il repose. Des milliers de pèlerins s'y assemblent : prières, cantiques, danses extatiques, gaieté bruyante. Sur la terrasse du monument funéraire, une urne accueille les étoffes précieuses qui y seront brûlées avec les premiers cheveux coupés aux garçons de trois ans, que l'on a emmenés dans cette intention. En Afrique du Nord, les tombes de saints rabbis reçoivent aussi visites et honneurs. Ailleurs, *Lag Ba'omer* sert de prétexte à des excursions en plein air pour la grande joie des enfants, constitue une date possible pour la célébration des mariages, une détente dans les restrictions du deuil.

Depuis la création de l'Etat d'Israël (1948), le 5 Iyar, jour où fut signée la déclaration d'indépendance, *Yom 'Atsmaouth* est devenu jour de fête.

Enfin, tout au long de ces sept semaines, on s'est efforcé de participer aussi souvent que possible à l'office quotidien du soir à la synagogue, pour donner plus de solennité à l'accomplissement de la mitsva de la *Sefira.*

Les trois jours qui précèdent la fête de *Chavou'oth* portent le nom de *Chelocheth Yemè Hagbala,* « les trois jours de limitation », car Moïse, par ordre divin, avait fixé au peuple *des limites* pour l'empêcher de gravir la montagne du Sinaï (Ex., XIX, 12) et lui avait enjoint de se préparer physiquement et moralement à la promulgation de la Loi. Cette recommandation a gardé sa valeur et il incombe à chacun d'essayer de s'élever à la *Madrèga,* à la hauteur spirituelle nécessaire pour revivre en son âme l'événement primordial de la Révélation.

CHAPITRE XIV

CHAVOU'OTH, LA PENTECOTE

Fleurs et verdure décorent synagogues et demeures. Israël célèbre la *fête des Semaines, Chavou'oth,* conclusion des sept semaines de supputation. Seule parmi les solennités qui n'ait pas été liée à une date précise dans la Tora, elle pouvait tomber le 5, le 6 ou le 7 Sivane, suivant la longueur variable de Nissane et Iyar, aussi longtemps que la durée des mois n'avait pas été définitivement fixée. Silence voulu, sans aucun doute : elle représente, dans sa signification nationale, l'*Epoque du don de notre Loi — Zemane Mattane Torathènou,* — et peu importe la date historique de la Révélation ; l'essentiel n'est-il pas de la revivre en soi ? Depuis l'adoption du calendrier, elle s'est vu assigner désormais le jour du 6 Sivane. Selon la règle, la Diaspora y adjoint le 7. Dans la Michna et la Guemara, on l'appelle *'Atséreth,* « clôture » : elle comporte dans le don de la Tora l'achèvement spirituel de la délivrance matérielle célébrée à *Pessa'h* ; la véritable liberté ne réside-t-elle pas dans la soumission volontaire à la Loi morale ? Durant les semaines du *'Omer* s'achevait, en Eretz-Israël, la moisson du blé : *'Hag Haqatsir*, « *Fête de la Moisson* » (Ex., XXIII, 16). C'est l'occasion d'une « offrande nouvelle » (Lév., XXIII, 17), au temple, de deux pains levés pétris d'un froment nouveau : *'Hag Habikhourim*, « *Fête des Prémices* » (Ex., XXXIV, 22 et Nomb., XXVIII, 26), elle donnait lieu à des cérémonies que décrit en détail la Michna de Bikkourim, Ch. III) : « ... *Le matin, le préposé disait : « Allons, montons à Sion, dans la Maison du Seigneur, notre Dieu ! » Les plus proches apportaient des figues et des raisins, les plus éloignés des figues sèches et des raisins secs. Un bœuf marchait devant eux, les cornes plaquées d'or, couronné d'olivier ; le chant de la flûte les précédait, jusqu'à ce qu'ils fussent parvenus aux portes de Jérusalem, à la montagne du Sanctuaire. Là, le roi Agrippa lui-même hissait son panier sur ses épaules, il pénétrait jusqu'au parvis intérieur, cependant que les Lévites chantaient : « Je T'exalterai, Seigneur, car Tu m'as relevé, Tu n'as pas réjoui mes ennemis à mes dépens !* » (Psaume XXX). *Les pigeons s'envolaient de dessus les corbeilles (de fruits) et chacun remettait aux prêtres ce qu'il apportait de ses mains... Les riches apportaient leurs prémices dans des vases d'argent, les pauvres dans des paniers d'osier écorcé, et récipients et prémices étaient donnés aux Kohanim.* »

Actuellement, aucun rite particulier ne distingue *Chavou'oth*, sinon la décoration rustique des maisons et lieux de prières qui évoque sans doute le théâtre verdoyant de la Révélation, à moins qu'elle n'implique la croyance que c'est le jour du jugement divin sur les arbres, sur leur fécondité et l'abondance de leurs promesses.

Est-ce sur la comparaison biblique de la Tora avec le lait que s'est établi l'usage d'un repas lacté, le soir de la fête, avec tartes au fromage et autres pâtisseries ? Il se prend dès la tombée de la nuit — très tardive à cette époque de l'année proche du solstice d'été — après un *Qiddouch* sur le vin et le pain. Certains le retardent encore en fixant l'office de *Ma'ariv* à cette heure nocturne, pour observer à la lettre la prescription de compter « sept semaines qui doivent être complètes ». Ensuite, on se réunit pour une nuit de veille et d'étude, « *lernen* » ou « *limmoud* », comme à *Hocha'na Rabba*. Cette coutume est déjà mentionnée dans le Zohar (XIIe siècle), et le cabbaliste Rabbi Salomon Alkabetz (l'auteur du *Lekha Dodi*) a composé un rite spécial, imprimé avec celui de *Hocha'na Rabba*. Souvent, un office matinal conclut la veillée dès l'apparition des premiers rayons du soleil. Les *Piyoutim* intercalés au milieu des prières usuelles des fêtes prennent pour thème la Promulgation du Décalogue que relate la section de la Loi, lue le premier jour (Ex., XIX et XX). Cette lecture est précédée de la récitation solennelle d'un poème, *Aqdamouth*, « préliminaire », rédigé au XIe siècle en araméen, prévu à l'origine comme introduction au *Targoum* araméen d'Onqelos qui était encore lu aux fêtes pendant le haut Moyen Age, en France et en Allemagne. Le chapitre premier d'Ezéchiel, vision du char divin, *Merkava*, révélation ésotérique, a été choisi comme *Haftara* de ce jour. La *Meguilla* de *Chavou'oth* est le livre de Ruth, lu le second jour avant la sortie de la Tora (petit récit idyllique qui transporte le lecteur au temps des Juges, dans les champs de blé ou d'orge de Moab et de Canaan). Ruth la Moabite, qui donne un témoignage admirable de fidélité et de charité, deviendra Ruth la Juive, par les mêmes étapes spirituelles que le peuple d'Israël se rendant au Sinaï ; elle sera l'aïeule du roi David, l'ancêtre du Messie.

CHAPITRE XV

LES « TROIS SEMAINES »

I. Jeûne du 17 Tammouz.

Au début de l'été, alors que tout se conjugue pour pousser l'homme à s'abandonner aux plaisirs et aux distractions, à la détente des vacances, « trois semaines » viennent arracher à cette atmosphère d'insouciance l'Israélite fidèle à sa tradition. Ces trois semaines vouées à la gravité, la tristesse, la crainte même, évoquant la période la plus sombre de l'histoire nationale, la tradition les nomme *Bein Hametsarim*, « Dans les jours d'angoisse » (Midrach *Eikha* sur I, 3). Elles commencent le 17 Tammouz, « jeûne du quatrième mois » (Zach., VIII, 19), anniversaire de la prise de la première enceinte de Jérusalem par les Romains en 70, mais rappelant aussi la première brèche dans ses murs par l'armée babylonienne de Nabuchodonosor le 9 Tammouz (II Rois, XXV, 4). Selon la Michna de *Ta'anith* (IV, 6), d'autres événements douloureux s'y rattachent : Moïse, en voyant les danses autour du veau d'or, brisa ce jour-là les premières Tables de la Loi ; lors du siège de Jérusalem par les Romains, les sacrifices journaliers durent cesser ; un certain Apostomos fit brûler les livres de la Loi et on a érigé une statue dans le temple pour le souiller. Pendant ces trois semaines, on ne célèbre aucun mariage, on s'abstient de participer à des réjouissances, on se refuse même le plaisir d'étrenner un vêtement, de goûter d'un fruit nouveau — sauf le Sabbat — pour éviter de réciter la bénédiction de rigueur *Chéhé'héyanou,* où l'on exprime la joie « d'avoir pu vivre cette époque ». Pour les samedis de ces semaines, on a choisi pour *Haftara* des prophéties de reproches et de menaces — *Telatha Defour'anoutha,* les deux premiers chapitres de Jérémie et le premier d'Isaïe dont le premier mot a servi d'épithète au dernier Sabbat avant le 9 Ab, dénommé *Chabbath 'Hazone.* On y récite, comme avant *Chavou'oth,* avant la rentrée du Séfer, une prière spéciale — *Av Hara'hamim,* en souvenir des martyrs de la foi. Naguère, on lisait dans les mémoriaux la liste de ces martyrs et des rabbins célèbres disparus : c'était le *memmern* (du latin *memorare).*

II. Les « neuf jours ».

Dès l'entrée du mois d'Av, l'atmosphère de deuil s'appesantit, toute manifestation joyeuse est évitée, on ne consomme ni vin ni viande, sauf le

Sabbat. On ne se coupe pas les cheveux, on ne se fait pas la barbe, ce que beaucoup se sont déjà interdit depuis le 17 Tammouz. On ne lave ni ne repasse. Les bains même sont proscrits, sauf s'il y a contre-indication pour raisons de santé ou d'hygiène.

Le 8 Av, après s'être fortifié par un repas nourrissant pour affronter le jeûne, on prend encore, assis à terre, chacun isolément, après la prière de *Min'ha*, mais avant le crépuscule, la *Se'ouda Hamafséqeth*, qui ne comporte qu'un seul plat : du pain — trempé symboliquement dans la cendre — et un œuf dur.

III. Le jeûne du 9 Av, Tich'a Beav.

Le jour le plus triste de l'histoire et de l'année juives. La Michna *(Ta'anith*, IV, 6) y rattache cinq malheurs nationaux : la génération du désert y entendit son arrêt de mort et l'interdiction d'entrer dans la Terre Promise (Nomb., XIV, 23) ; le premier, puis le second temple, y furent détruits, alors commença l'exil bimillénaire ; la ville de Béthar, dernier foyer de résistance juive, fut prise par les Romains en 135 ; les Romains vainqueurs choisirent enfin ce jour pour passer la charrue sur les ruines du temple et de Jérusalem pour les condamner à l'oubli éternel. C'est à ce caractère si néfaste conféré par des souvenirs si douloureux, qu'il faut attribuer la rigueur particulièrement accrue du jeûne de *Tich'a Beav*, où se retrouvent, dans un autre esprit, les mêmes abstinences qu'à *Kippour*. Comme à *Kippour*, et contrairement aux autres jeûnes qui ne commencent qu'au matin, on se prive de toute nourriture dès la veille au soir. On enlève les chaussures à semelles de cuir. Les ablutions sont réduites au minimum. « L'étude de la Tora réjouit le cœur » ; on choisit donc des passages de la littérature biblique et talmudique en rapport avec l'affliction que l'on ressent, le Livre des Lamentations, avec ses commentaires aggadiques, Job, les prophéties lourdes de menaces de Jérémie, les récits du Talmud sur la destruction du temple.

A la synagogue éclairée parcimonieusement, l'*Almémor* est nu, l'Arche sainte dépouillée de son rideau ou voilée de noir. Après la prière du soir, murmurée sur un ton plaintif, chacun s'assied à terre ou sur des sièges bas, et le *'Hazzane*, sur un air de cantilation mélancolique, récite la *Meguillath Eikha*, le Livre des Lamentations de Jérémie. Dans certaines communautés orientales, cette lecture une fois terminée, toutes lumières éteintes, l'officiant annonce le nombre d'années écoulées depuis la chute du second temple. Quelques élégies — *Qinoth* — achèvent l'office.

Même dépouillement, même voix assourdie le lendemain, pour *Cha'harith*. Ni *Tallith* ni *Tefilline* — un diadème est-il séant un jour de deuil ? Après la lecture de la Tora (Deut., IV, 25-40) et de la *Haftara* (Jér., VIII, 13 ; IV, 23), reprend la récitation des *Qinoth*, par l'officiant pour la première partie, et les fidèles pour la seconde. Elles énumèrent les souffrances millénaires d'Israël, les persécutions de partout et de toujours, massacres des communautés rhénanes lors des Croisades, autodafés de Talmuds. Des Sionides — célébrant et pleurant Sion — leur succèdent. Beaucoup se rendent au cimetière au sortir de la synagogue.

L'usage tolère une certaine atténuation dans l'observance des rites de deuil l'après-midi. On ne s'assied plus à terre, le travail et le commerce sont autorisés.

Pour l'office de *Min'ha,* semblable à celui de tous les autres jeûnes, on revêt le *Tallith* et les *Tefilline* avec bénédictions, et une prière spéciale, dite de consolation, est intercalée dans la *'Amida.*

La défense du vin et de la viande restera en vigueur jusqu'au lendemain midi, le temple ayant continué à brûler pendant la journée du 10 Av.

Le Sabbat suivant porte le nom de *Chabbath Na'hamou,* du premier mot de la *Haftara* (Is., XL, 1-27) : « Consolez, consolez mon peuple, dit votre Dieu... » C'est la première prière d'une série de « sept, dites de consolation », *Chiv'a Dené'hemata,* qui s'échelonneront jusqu'à *Roch Hachana.*

Le 15 Av

Jour faste dans l'antique Israël : dans la quarantième année, la mort cessa de décimer la génération du désert ; c'est à cette date seulement que les Romains permirent d'ensevelir ceux qui avaient été tués dans la défense de Béthar ; la fin de l'abattage du bois nécessaire à la combustion des sacrifices donnait lieu à de grandes réjouissances. La Michna de *Ta'anith*, IV, 8, rapporte que dans les anciens temps aucune fête n'était célébrée avec autant de gaieté que le 15 Av. Les filles de Jérusalem, toutes de blanc vêtues, allaient danser dans les vignes. La suppression de la supplication journalière est la seule trace actuelle de cette antique joie.

A partir de cette date, les jours commencent à diminuer et les « disciples des sages », les étudiants en Tora doivent emprunter à la nuit, pour leur « *limmoud* », les heures que leur retire le jour. Dans le cycle annuel, le 15 Av annonce, comme un prélude, les solennités de Tichri et les mois d'hiver que celles-ci inaugurent.

TROISIÈME PARTIE

UNE VIE D'HOMME

CHAPITRE PREMIER

LA NAISSANCE

« L'homme est le produit d'une triple association : le père, la mère et le Saint, béni soit-Il. »

« Croissez et multipliez » fut le premier commandement adressé à Adam par Dieu lorsqu'Il eut terminé le premier couple humain. Aussi la transmission de la vie constitue-t-elle le but principal du mariage, conférant à la personnalité du couple son plein épanouissement. Pour le foyer juif qui se fonde, l'apparition de l'enfant assure la continuité de la tradition.

La science a mis récemment en valeur l'influence profonde de la condition physique et des dispositions psychiques des époux, au moment de la conception, sur les éléments du tempérament et du caractère de l'enfant. Les rabbins avaient déjà depuis plus de vingt siècles insisté sur la nécessité d'une préparation physique et morale en vue de l'acte primordial du don de la vie. A la pureté corporelle, garantie par le bain rituel pris par la femme au début de sa période de fécondité, correspond la pureté des intentions *(Kavanoth)* des futurs parents, dont l'amour réciproque qu'ils se portent, joint à celui que tous deux vouent au Seigneur, s'unit au désir de se sanctifier ensemble dans l'accomplissement de la mitsva. Après la conception, les actes conjugaux des six derniers mois de la grossesse sont tenus pour bénéfiques à l'embryon s'ils s'inspirent des mêmes *Kavanoth.* Ainsi les pensées de la femme enceinte influent-elles sur l'enfant au même titre que la nourriture qu'elle absorbe. Les prières des futurs parents peuvent aussi contribuer à la formation du caractère de celui qu'ils attendent, car c'est au cours de la vie embryonnaire qu'il est décidé, Là-Haut, s'il sera beau ou laid, riche ou pauvre, intelligent ou stupide. Seule la crainte de Dieu n'est pas innée, il est laissé à l'initiative, au libre arbitre de chacun de l'accueillir ou de la rejeter, car « tout est en la main de Dieu, sauf la crainte de Dieu », mais « celui qui désire se purifier y est aidé ».

De grandes réjouissances saluaient jadis la venue du nouveau-né. Le Talmud mentionne en plusieurs endroits la *Chevou'ath Haben,* « la semaine du fils ». Il semble que l'usage s'en soit conservé quelque peu en Afrique du Nord, voisins et amis des parents se réunissant tous les soirs, jusqu'au huitième, autour d'un festin agrémenté de prières, lecture de psaumes et de textes du *Zohar*, chants et danses. Des usages variés accompagnent la naissance d'une fille. Chez les Sefaradim, l'octroi du nom donne lieu à une courte cérémonie ; lorsqu'elle a atteint l'âge d'un mois, sa mère la présente, au cours de l'office du samedi matin, au rabbin qui la bénit selon une formule — *Mi Chébèrakh* — dans laquelle il inclut le prénom hébraïque décerné à l'enfant. Chez les Achkenazim de rite allemand ou alsacien, une petite fête prend place au foyer le jour de la première sortie de la mère, le Sabbat en général. Ses premiers pas au-dehors depuis ses relevailles la conduisent à la synagogue, pour accomplir une mitsva, témoigner à Dieu sa gratitude. Jadis, dans les villages, une escorte de voisines se joignait à elle. Puis, sur l'invitation des parents, garçons et filles viendront se ranger autour du berceau et réciter quelques versets bibliques sous la direction du père ou du rabbin : premiers versets des cinq livres de la Tora et la bénédiction de Jacob à ses petits-fils, *Hamalakh Hagoel.* Ils soulèvent ensuite par trois fois le berceau en disant : « Quel sera le nom de cet enfant ? », et par trois fois annoncent le prénom usuel — souvent profane — désigné. Une distribution de friandises, de dragées spécialement, clôt cette cérémonie appelée *Hole Grasch* — du vieux judéo-allemand *'Hol Kreischen*, donner le nom profane... Cette coutume, qui semble actuellement tomber en désuétude, s'applique d'ailleurs également aux garçons, bien qu'ils reçoivent solennellement leur nom hébraïque lors de leur circoncision.

Toujours, chez les Achkenazim, une cérémonie dite *Chalom Zakhar*, *Se'oudath Zakhar* ou simplement *Zakhar*, prend place le vendredi soir qui suit la naissance d'un enfant mâle. On se réunit après le dîner dans la maison du nouveau-né autour d'une légère collation, en vue de l'étude de certains passages talmudiques. Les mets servis comportent souvent des aliments de deuil, tels que légumes secs cuits et salés ; en effet, il s'agit là d'une visite de consolation... D'après une Aggada du Talmud, l'embryon est censé connaître toute la Tora, mais dès qu'il perçoit la lumière du monde, un ange, le frappant à la lèvre, le prive de sa science. C'est de cet oubli qu'on vient le consoler.

Dans certaines régions, une veillée d'étude se tient également la nuit avant la circoncision.

CHAPITRE II

LA CIRCONCISION, BERITH MILA

« *Ceci est Mon alliance* (Berith) *que vous observerez, entre Moi et vous et vos descendants. Tout mâle parmi vous sera circoncis. Vous circoncirez votre chair et ce sera signe d'alliance entre Moi et vous. A l'âge de huit jours, tout mâle, dans vos générations, sera circoncis* » (Genèse, XVII, 10-12).

Lorsque l'enfant a atteint son huitième jour, s'il n'y a aucune contre-indication médicale, il va être introduit, solennellement, dans « l'alliance d'Abraham » à la synagogue ou dans un domicile privé, dès le matin si possible, car « les zélés se hâtent dans l'accomplissement de la mitsva ». Autrefois, à moins de circonstances exceptionnelles, la cérémonie avait toujours lieu à la synagogue, immédiatement après l'office du matin. Le *Mohel*, péritomiste, dans l'usage occidental du moins, remplissait habituellement le rôle de *'Hazzane* ou se réservait en tout cas la lecture du Cantique de la mer Rouge en récitation alternée, verset par verset, avec les fidèles. Un siège spécial est réservé au prophète Elie, emporté jadis vivant dans un mystérieux char de feu, éternel messager des bonnes nouvelles, qui préside invisible à la cérémonie de la *Mila.* Il est, selon l'expression du prophète Malachie, « l'Ange de l'Alliance ». Lorsque Achab, le roi impie, interdit la circoncision, Elie, rapporte le Midrach, lutta d'un zèle ardent pour la cause du Seigneur. N'est-il pas dit : « J'ai fait éclater mon zèle pour Toi, Seigneur, Dieu des Armées, car les enfants d'Israël ont répudié Ton alliance » ? (I Rois, XIX, 10.) Et Dieu de répondre : « Tu as lutté à Chittim contre la débauche (Pin'has, préfiguration d'Elie), et maintenant pour la défense de la *Mila.* Je fais serment que tu seras présent à toutes les circoncisions qui, en amour et dévouement, seront pratiquées en Israël. — Mais, objecte le prophète, si le père, le parrain, les assistants sont des pécheurs, comment y assisterai-je ? — Eh bien, en faveur de cette mitsva, Je leur pardonnerai à tous, suivant la parole de l'Ecriture : « Voici, Je lui donne Mon alliance de paix... et... il procura expiation aux enfants d'Israël » (Nomb., XXV, 12-13).

Salué du souhait de bienvenue *Baroukh Haba,* le héros du jour fait son entrée dans les bras de sa marraine, est conduit d'abord vers le « trône d'Elie », puis déposé sur les genoux du parrain — *Sandik* — qui le tiendra durant l'opération. C'est le *Mohel* qui la pratique, suivant les rites traditionnels, en s'entourant des prescriptions modernes de l'hygiène chirurgicale, après avoir béni « Celui qui a prescrit la circoncision ». Alors le père remercie à son tour « Celui qui nous a ordonné de faire entrer (l'enfant) dans l'Alliance d'Abraham notre père » et tous les assistants s'écrient : « De même qu'il est entré dans l'Alliance, puisse-t-il grandir pour la Tora, la *'Houppa* (dais nuptial) et les bonnes œuvres ! » En conclusion, on récite un *Qiddouch* sur le vin — dont on humecte les lèvres du néophyte, — puis tout finit par des agapes, une *Se'oudath Mitsva* agrémentée de *Divrè Tora.*

Marqué ainsi dans sa chair d'un « sceau » indélébile d'alliance avec Dieu, qui l'a élu, symbole extérieur d'une circoncision plus profonde que, suivant l'expression biblique, il doit imprimer à son cœur, l'Israélite se rappelle constamment qu'il a été créé imparfait, afin qu'il puisse se parfaire lui-même. Parmi les multiples infidélités et abandons divers, il semble que la *Mila* soit restée l'une des institutions les plus vivaces du judaïsme, la pierre de touche de l'appartenance à Israël, car des préoccupations hygiéniques seules ne suffiraient pas à expliquer son maintien en dépit des persécutions.

Grande est la Mila, dit Rabbi Ismaël, sur elle furent conclues treize alliances.

Grande est la Mila, dit Rabbi Yossé, qui repousse la rigueur du Sabbat.

Grande est la Mila, dit Rabbi, car malgré toutes les mitsvoth qu'accomplit Abraham notre père, il ne fut appelé « parfait » que grâce à elle.

Grande est la Mila, car sans elle le monde n'aurait pas été créé, comme il est dit : « Ainsi parle le Seigneur : N'était Mon Alliance, nuit et jour, Je n'aurais pas établi les lois du ciel et de la terre. » (Jér., XXXIII, 25.)

(Michna *Nedarim*, III, 11.)

CHAPITRE III

PIDYON HABEN : RACHAT DU PREMIER-NÉ

Si le rejeton est le premier-né de sa mère, il incombe à son père de le racheter lorsqu'il aura atteint l'âge d'un mois, exactement le trente et unième jour de sa naissance. En effet, lors de la dixième et dernière plaie dont Dieu frappa les Egyptiens obstinés et incrédules, la mort qui décima tous les premiers-nés, « depuis celui de Pharaon assis sur son trône jusqu'à celui de la servante derrière la meule et tous ceux des animaux domestiques », épargna ceux d'Israël. En souvenir de quoi tout premier-né en Israël fut consacré à Dieu. Ceux des animaux purs étaient offerts au Kohen, puis sacrifiés sur l'autel ; à celui de l'ânesse on substituait à cette intention un animal pur. Celui de l'homme, depuis que par le péché du veau d'or il s'est rendu indigne du divin service et s'en est vu exclure au profit de la famille d'Aaron, doit être racheté par son père auprès d'un Kohen : « Quant au rachat, toi

(Kohen) tu l'accorderas à partir de l'âge d'un mois au taux de cinq sicles d'argent... » (Nomb., XVIII, 16.)

Le rachat peut s'effectuer, à défaut de pièces d'argent, au moyen, non de billets, mais d'un objet en métal de même valeur, les cinq sicles de la Tora étant évalués à 94 grammes d'argent pur (soit aussi à 15 ou 20 francs suisses). Cette somme appartient au Kohen qui en dispose à son gré. Une *Se'oudath mitsva* clôt la cérémonie.

CHAPITRE IV

LA MAJORITÉ RELIGIEUSE

Mappa. — Selon une coutume des Achkenazim, le garçon ayant atteint l'âge de trois ans apporte à la synagogue sa *mappa*[1]. A partir de cet âge, on l'habitue peu à peu à la pratique des mitsvoth et à la prière. Déjà ses premiers balbutiements ont été orientés vers Dieu : prière du coucher *(Chema', Hamalakh Hagoel)*, prière du lever *(Modé Ani)* et diverses bénédictions de jouissance. Dès que possible, on l'initie à la lecture hébraïque et à l'étude des textes sacrés, Tora d'abord, puis ses commentaires et la Loi orale, Michna et Guemara.

Bar Mitsva. — Lorsqu'à treize ans il atteint sa majorité religieuse, le garçon doit être prêt à assumer en connaissance de cause toutes les obligations religieuses des adultes auxquelles il est désormais soumis ; il compte pour le *Miniane*, étant devenu

1. Note, page 30 et page 14, sur le port du *Tallith qatane.*

membre effectif de la communauté d'Israël, responsable de ses actes devant Dieu. C'est, au fond, abusivement que la cérémonie solennelle qui marque cette nouvelle étape dans la vie est appelée «*Bar Mitsva*», cette expression signifiant «fils de la Mitsva» — c'est-à-dire astreint à l'observance des commandements — et s'appliquant par conséquent à l'intéressé lui-même.

Dans le rite occidental, le *Bar Mitsva*, appelé à la Tora, y lit solennellement tout ou partie de la *Sidra* du jour, à l'office matinal du samedi qui suit l'accomplissement de sa treizième année. Il use ainsi officiellement du droit que l'âge vient de lui conférer de réciter les bénédictions qui encadrent la lecture de la Loi, de louer Dieu «qui nous a choisis entre toutes les nations et nous a donné Sa Tora... Sa Loi de vérité, et qui a implanté parmi nous la vie éternelle». Cependant, son père remercie «Celui qui l'a dégagé (en ce jour) de la responsabilité des péchés de ce garçon». Bien entendu, cette cérémonie est conçue comme l'aboutissement et la preuve publique d'une préparation qui a donné au jeune Juif pleine conscience de ses nouvelles responsabilités. Fêté et comblé de cadeaux par ses parents et amis, le héros du jour aura l'honneur de «réciter les grâces» lors du repas joyeux qui suivra l'office synagogal. Il est aussi d'usage qu'il fasse montre de ses connaissances en prononçant un exposé sur une question talmudique ou sur un commentaire biblique, la *Deracha*.

Dans le rite oriental, «faire son *Miniane*» consiste traditionnellement à remplacer le *'Hazzane* à l'office du vendredi soir, sans préjudice de la lecture de la *Paracha* du lendemain. Mais, plus généralement, le *Bar Mitsva* vient simplement à la synagogue mettre les *Tefilline* au cours de l'office d'un jour de semaine, souvent le lundi ou le jeudi, ce qui permet de l'appeler à la Tora.

Les jeunes filles, plus précoces, sont considérées comme majeures à douze ans et un jour et assument dès cet instant les obligations réservées à leur sexe. Eu égard à leur rôle futur et primordial de prêtresse du foyer, aucune cérémonie cultuelle ne venait consacrer cette date solennelle. Dans les temps modernes, certains chefs religieux ont senti la nécessité de marquer pour la jeune fille ce passage de l'enfance à la majorité : ainsi est née, il y a un siècle environ, l'Initiation religieuse, célébrée en groupe à la synagogue au cours de la douzième année, cérémonie souvent attaquée par d'autres autorités rabbiniques qui y voient surtout une imitation chrétienne peu conforme à la nature authentique du judaïsme. Toutefois, en Eretz-Israël principalement, l'habitude de fêter la *Bath Mitsva* s'est répandue dans certains milieux pratiquants.

CHAPITRE V

LE MARIAGE

I. Généralités.

« *Quarante jours avant la naissance de l'enfant, une Voix divine annonce avec qui il se mariera.* »

Pour le judaïsme qui ne prêche pas l'abstinence mais la continence, qui ne vise pas à annihiler la chair mais à la discipliner et à la sanctifier au moyen des mitsvoth, le mariage ne représente pas une concession mais un idéal, et c'est le célibat qui est un pis-aller. C'est dans l'existence quotidienne, dans les obligations de la vie familiale, que la Sainteté doit se manifester ; la cellule familiale s'avère garante de la perpétuité de la tradition. Fonder un foyer constitue donc le but de la première partie de la vie d'un homme et le début d'une seconde existence. Dans l'état de mariage seulement, la personnalité de l'individu atteint sa réalisation la plus élevée. « Avant de se marier, nous enseigne un Midrach, l'homme ne s'appelle pas vraiment homme : un homme sans femme est privé de bonheur, de joie, de bénédiction. — Certains ajoutent même : de Tora, de protection, de paix. Il est en effet écrit dans la Genèse : « Mâle et femelle Il les créa, Il les bénit et leur donna le nom d'homme. » Parallèlement, Rav Samuel, fils de Rav Ivi, a enseigné au nom de Rav : « La femme naît imparfaite et elle ne fait une alliance véritablement durable qu'avec celui qui lui révèle sa destination, comme il est dit (Is., LIV, 5) « car c'est ton époux, celui qui t'a faite ». « Que fait donc Dieu depuis qu'Il a créé le monde ? demandait un jour un païen à un savant rabbin. — Des mariages, lui fut-il répondu. »

C'est au jeune homme de chercher femme, car, explique le Midrach, si un objet a été perdu, qui ira à sa recherche, sinon son propriétaire ? Or Adam a perdu une côte, à lui de la retrouver. Si lui-même n'y parvient pas, ses parents, ses amis l'y aideront, et qui ne se rappelle avoir ri dans certains romans juifs aux dépens du « *Chadchen* », marieur professionnel, dont l'amour de la mitsva alimente le zèle plus ou moins intéressé ? Les uns désirent la beauté, d'autres la richesse, mais malheur à celui qui ne se marie que pour l'argent, sa descendance sera indigne. On s'attache également à la généalogie, les familles de rabbins savants et illustres, sorte d'aristocratie de la science, se trouvant particulièrement recherchées ; on fera enquête sur le père, la mère, les frères, suivant l'exemple des personnages bibliques dont la parenté est indiquée et détaillée. « L'homme trouve la femme qu'il mérite », bonne s'il est bon, acariâtre si le Ciel juge qu'il mérite un châtiment ou qu'une épreuve de longue durée est nécessaire à son ascension spirituelle.

Depuis une décision prise au Moyen Age par un rabbin allemand, Rabbénou Guerchom, qui ne faisait d'ailleurs que consacrer un état de fait, la monogamie est obligatoire dans les pays occidentaux et pratiquement universellement adoptée. Le divorce peut, dans certaines conditions, dissoudre une union malheureuse, « mais les pierres de l'autel elles-mêmes pleurent si un mari répudie la femme de sa jeunesse sans motif grave ». Un scribe, *Sofer*, rédige un acte de divorce, le *Guett*, devant deux témoins et trois juges, au nom du mari qui, en le remettant à son ex-épouse, lui rend sa liberté. L'enfant issu d'un 2e mariage, d'une femme divorcée civilement, et non religieusement, est considéré comme *Mamzer* [1], « bâtard », au même titre que les enfants issus des unions incestueuses proscrites par la Tora. Celle-ci interdit aussi au Kohen la divorcée, la « prostituée » et la « déshonorée ». Est appelée, à cet égard, « prostituée », celle qui a entretenu des rapports avec un homme que la Loi lui défendait d'épouser. La « déshonorée » est l'enfant issue d'un Kohen en union illicite. Le mariage avec un non-Juif ne saurait recevoir la consécration religieuse si le conjoint non juif ne s'est pas converti. Les conversions intéressées, et

1. Voir Deut. XXIII, 3.

en particulier celles qui ont pour but un tel mariage, sont en principe découragées, sinon refusées. Si l'adoption du judaïsme n'est qu'un moyen pour légitimer une union, sans qu'il y ait désir sincère de s'intégrer dans la communauté d'Israël avec une foi véritable, cette malhonnêteté intellectuelle et morale ne saurait que nuire au destin religieux du « gentil » que son geste a soumis d'emblée à l'observance des 613 commandements qui ne lui incombaient pas. L'enfant né d'un mariage mixte — sans qu'il y ait eu conversion du conjoint non juif — est considéré, suivant l'appartenance de sa mère, Juif si elle est juive, non-Juif si elle ne l'est pas.

II. Fiançailles.

Dans l'Antiquité juive comme de nos jours, des fiançailles, *Chiddoukhine*, précèdent le mariage. Anciennement, elles constituaient une promesse de caractère religieux à valeur légale, du fait de la rédaction d'un contrat en hébreu, les *Tenaïm*, où étaient consignés essentiellement les apports mutuels des futurs conjoints. L'usage s'en est conservé d'ailleurs dans les familles de rite polonais. La rupture des fiançailles, ou la non-exécution d'une des clauses dudit acte par l'une des parties, obligeait celle-ci à payer un dédit. Cette amende s'appelle en hébreu *Qenas* et ce mot est entré, en judéo-alsacien, dans certaines expressions relatives aux fiançailles, la plus connue étant le terme qui en désigne la cérémonie, « *Qenas-mahl* », « repas du *Qenas* ». Les fiancés se placent à l'intérieur d'un cercle tracé sur le sol ; on brise une assiette en accompagnant ce geste d'un vibrant « *Mazal Tov* », « bonne chance ! ». C'est souvent le rabbin qui s'acquitte de cette tâche et prononce, naturellement, des paroles de circonstance.

III. Mariage.

Le mariage proprement dit comprend deux actes distincts, les *Eroussine* ou *Qiddouchine* et les *Nissouïne*. Les *Eroussine*, « union » — selon l'expression biblique —, appelées par les rabbins du Talmud *Qiddouchine*, « consécration », consistent en la remise, devant deux témoins reconnus valables selon la loi religieuse, du fiancé à la fiancée, d'une *Perouta* (petite monnaie de cuivre) au moins ou d'un objet de même valeur — aujourd'hui l'anneau nuptial. Il accompagne ce geste d'une formule hébraïque, déclarant : « *Voici, tu m'es consacrée par cet anneau selon la Loi de Moïse et d'Israël.* » C'est par cette première étape que le mariage est réalisé, au point que l'union ainsi créée ne saurait être dissoute que par un divorce et l'infidélité à ce lien constitue un véritable adultère. La remise de la *Perouta* est l'un des modes d'acquisition du droit hébraïque, valable, par exemple, pour l'achat de biens immeubles. Nécessaire ici pour sanctionner le passage de la femme « d'un domaine à un autre », car, devenant épouse, elle abandonne son droit à disposer librement d'elle-même et de ses biens, ce rite souligne l'aspect juridique du mariage. En le désignant du terme de *Qiddouchine*, les rabbins en ont souligné le caractère religieux : l'Epouse désormais consacrée à l'Epoux lui appartient exclusivement ; toute atteinte portée à leur union serait considérée comme une profanation égale à celle que pourraient subir des offrandes vouées à l'autel divin. Cependant, c'est dans les *Nissouïne* que le mariage trouvera son achèvement définitif, lorsque l'époux, le *'Hathane*, « emmènera » l'épouse, la *Kalla*, dans leur demeure commune, ce que symbolise déjà le séjour, si court soit-il, sous la *'Houppa*, le « dais nuptial », puis le repas pris en tête à tête par les nouveaux mariés à l'issue de la cérémonie *(Yi'houd)*.

Séparés jadis par un intervalle d'un an (pour une jeune fille) et de trente jours (pour une veuve), les *Qiddouchine* et les *Nissouïne* ont finalement été unis en une seule et même cérémonie, dont les rites varient en couleur et pittoresque suivant les usages locaux.

Voici donc arrivé le jour du mariage. La célébration nuptiale aura lieu l'après-midi — dans certains milieux même après la tombée de la nuit. Chez les Achkenazim, il est d'usage que les mariés jeûnent depuis le matin et récitent, avant la cérémonie, le *Chemoné-Essrè* avec le *Viddouy*, la « confession », comme la veille de *Kippour*, pour se préparer ainsi par la mortification et le repentir à la vie toute neuve qui s'ouvre à eux : « Celui qui se marie, tous ses péchés antérieurs sont effacés. » Le *'Hathane* et la *Kalla*, qui souvent ne se sont plus vus depuis plusieurs jours, évitent en tout cas de se rencontrer avant que les rites nuptiaux ne l'exigent. En général, le dais est dressé dans la synagogue, mais certains, se conformant encore à l'usage antique, préfèrent l'établir en plein air, directement sous le ciel, pour évoquer le souhait biblique « que ta postérité soit aussi nombreuse que les étoiles ! ». C'est ce même symbole qui inspira la coutume, presque oubliée aujourd'hui, d'asseoir côte à côte les futurs mariés juste avant de les conduire sous la *'Houppa*, de leur couvrir la tête d'un même *tallith* — ou bien la *Kalla* seule est cachée sous un voile, — cependant que parents et amis laissent doucement ruisseler sur eux des grains de blé, en formulant le vœu que s'actualise la bénédiction que reçut Rébecca avant de partir épouser Isaac : « Notre sœur, puisses-tu devenir des milliers de myriades ». Autre *minhag* basé également sur un souvenir de la Genèse : le *'Hathane* vient soulever le voile de la *Kalla* pour s'assurer qu'il n'y a pas eu substitution, à l'exemple de Laban qui avait amené Léa et non Rachel à la tente de Jacob.

Le rabbin, qui va présider à la cérémonie et en garantir la bonne ordonnance, met la dernière main à la rédaction de la *Kethouba*, l'acte de mariage religieux où sont exprimés, en araméen, les engagements d'ordre matériel et moral que va assumer le marié à l'égard de son épouse, notamment l'établissement d'une dot et contre-dot, en cas de dissolution du mariage par divorce ou décès. La *Kethouba*, qui reçoit pleine valeur légale dans les pays où les Juifs jouissent du statut personnel, a toujours conservé, dans ceux où ils sont soumis à la Loi de l'Etat, pleine valeur religieuse et confère à la femme sa dignité d'épouse au regard de la Tora. Le *'Hathane* sanctionne ensuite par l'acte juridique du *Qiniane* les engagements verbaux ou écrits qu'il a pris ; il soulève simplement un objet quelconque à valeur symbolique que lui tend le rabbin, qui agit ici en tant que représentant de l'épouse. Les deux témoins, dont nous avons parlé plus haut, apposent leur signature au bas de la *Kethouba*.

Le cortège s'achemine, conduisant le fiancé sous le dais nuptial où il se revêtira du *tallith*, puis la fiancée qui prendra place à sa droite. Des chants les accueillent et à maintes reprises la musique intervient au cours de la cérémonie.

Après avoir rappelé au couple les nouveaux devoirs qui leur incomberont, le rabbin prononce deux bénédictions, l'une sur la coupe de vin — symbole de joie, de bonheur, de prospérité — dont vont boire les fiancés, la seconde pour louer Dieu qui « sanctifie son peuple par l'institution du mariage ». Alors se déroule l'acte juridique des *Eroussine* décrit ci-dessus : la remise de l'alliance par le *'Hathane* à la *Kalla*, sous les yeux des témoins, soulignée par la déclaration de consécration. La lecture de la *Kethouba* séparera les *Qiddouchine* des *Nissouïne*, seul souvenir du long intervalle qui s'écoulait jadis entre ces deux étapes.

Réunis ensuite sous un même *tallith*, les mariés entendront les *Chéva' Berakhoth*, les « sept bénédictions » chantées par le *'Hazzane* sur une seconde coupe de vin, en présence, obligatoirement, d'un *Miniane*, et qui constituent la seconde partie de la cérémonie nuptiale. Elles célèbrent le Créateur de l'Univers, Créateur de l'homme et de la femme, Créateur de la joie et de l'allégresse, Créateur du couple humain ; elles expriment l'espoir, selon les termes du prophète Jérémie, que « le bruit de telles fêtes retentira à nouveau dans les villes de Juda et les rues de Jérusalem » ; elles rappellent, par cette évocation messianique, que tout foyer juif qui se fonde apporte une pierre pour la réédification des murs du Temple. Ainsi, définitivement unis, les époux boivent à nouveau à la même coupe. Suivant un usage très répandu, le marié brise un verre à la fin de la cérémonie, pour mêler au jour de sa plus grande joie le souvenir amer et toujours présent de la destruction du sanctuaire de Jérusalem. Avant même de s'abandonner aux effusions de leurs proches, le *'Hathane* et la *Kalla* se retirent, pour quelques instants, seul à seule, dans une pièce, pour y prendre parfois un léger repas et profiter symboliquement du droit de « s'isoler » *(Yi'houd)* qui vient de leur être accordé.

De ce jour et durant une semaine, les jeunes mariés vivront « sept jours de festin », réminiscence biblique de Jacob et Rachel et aussi de Samson. Chez leurs amis ou leurs parents, ils seront, durant ce laps de temps, traités en hôtes d'honneur et au dessert on leur chantera à nouveau, en présence d'un *miniane*, « les sept bénédictions ». Mais là, comme pour les rites mêmes du mariage, divers usages locaux entrent en jeu, qu'il serait trop long d'énumérer.

« Mari et femme, s'ils le méritent, la Majesté divine réside entre eux, sinon un feu les dévore » (Sota, 17 *a*).

Dans le foyer pratiquant, dont le rythme de vie se règle sur les mitsvoth, une atmosphère règne, imprégnée de Présence divine. Les prescriptions de la Tora s'étendent jusqu'au domaine de l'intimité conjugale, qu'une impureté rituelle vient suspendre périodiquement, tandis que la pureté retrouvée par l'immersion dans le *Miqvè* lui apporte un renouveau qui décourage toute lassitude et entretient l'amour. En effet, les cinq jours des règles, suivis des sept jours dits de purification (période de *Nidda)* obligent les époux à une abstinence rigoureuse qui ne prend fin qu'après le bain rituel. La nuit de noces même se voit suivie d'une semblable séparation, qui prévient tout excès. Répondant aux exigences les plus profondes de l'hygiène et de la psychologie, cette discipline, cette maîtrise de soi imposées dans la vie conjugale, y introduisent une harmonie incomparable.

CHAPITRE VI

LE DEUIL

« Rabbi Eliézer a dit : « Fais pénitence la veille de ta mort. » Mais l'homme connaît-il le jour de sa mort ? Fais donc pénitence chaque jour de ta vie. » (Avoth, II, 15.)

Au nombre des devoirs primordiaux qui assurent à l'homme un bonheur « dont il touche l'intérêt en ce monde et dont le capital lui est réservé pour le monde à venir », la tradition juive compte les soins aux malades et la conduite des morts à leur dernière demeure. Rendre visite à ceux qui souffrent, tenter d'alléger leurs douleurs, prier pour leur rétablissement, c'est « imiter les voies de Dieu » qui visita Abraham au troisième jour de sa circoncision (Genèse, XVIII). Rabbi Akiba ayant trouvé l'un de ses disciples gravement atteint, sans personne pour s'occuper de lui, n'hésita pas à lui rendre lui-même tous les soins que nécessitait son état. « Maître, tu m'as rendu la vie », murmura l'élève. Rabbi Akiba dut le quitter pour se rendre au *Beth Hamidrach*, où il développa le thème : « Celui qui néglige un malade est pour ainsi dire coupable de sa mort ». Et Rav Dimi de renchérir : « La première chose à faire pour lui venir en aide est de prier pour lui. »

Dans toute communauté digne de ce nom, il existe une société de *Biqqour 'Holim* (« visite des malades ») ou *'Hevra Qaddicha*, dont les membres se sont assigné pour mission d'apporter assistance au malade, d'entourer les derniers moments de l'agonisant, de veiller à l'accomplissement des derniers devoirs à rendre au défunt, d'organiser enfin des offices réguliers dans la maison de deuil et de prodiguer aux affligés leurs consolations. Au riche comme au pauvre, indistinctement, s'étendent ces services, autant de ramifications de la grande mitsva de *Guemilouth 'Hassadim*, « l'exercice de la charité » dicté par l'amour du prochain. « Charité véritable » en son désintéressement, puisqu'elle s'adresse à un être désormais incapable de réciprocité.

Si la maladie s'aggrave, on engage le patient à se préparer moralement à paraître devant Dieu ; d'ailleurs, lui assure-t-on, pénitence et confession, prières et bonnes œuvres ne font pas mourir ; elles peuvent au contraire avoir pour effet de fléchir la rigueur de l'arrêt divin. Lorsque l'agonie a commencé, on ne le quitte plus. De même que toute pratique euthanasique est proscrite, on ne procède non plus à aucun préparatif en prévision de la mort prochaine, ce dont pourrait s'affecter le malade. L'espoir ne doit-il pas subsister tant qu'il existe un souffle de vie ? Les assistants recueillis accompagnent de psaumes et de prières les derniers instants. A haute voix, ils récitent, le moment venu, la profession de foi en l'Unité de Dieu, comme à l'issue de *Kippour*, et c'est sur le dernier mot du *Chema' : E'had*, « Un », que l'âme, quittant son enveloppe terrestre, rejoint la source sainte dont elle s'était détachée. « Béni soit le Juge de vérité » ; cette bénédiction concise annonce le décès dans un sentiment de résignation à la Volonté céleste.

Selon une ancienne coutume encore observée assez fréquemment, le corps est déposé à terre, sur un peu de paille ou sur une planche, recouvert d'un drap ; une lumière brille près de sa tête, en témoignage que l'âme immortelle poursuit son existence au séjour céleste. Auprès de lui, les veilleurs se succèdent en une garde ininterrompue.

Depuis l'instant du décès jusqu'à l'enterrement, les très proches parents du défunt, « *Onenim* », « affligés », s'abstiennent, sauf le Sabbat, de viande et de vin ; dispensés des mitsvoth positives, ils ne prient point, ne mettent pas les *tefilline*. Ils sont autorisés à vaquer à leurs affaires et à s'occuper notamment des diverses démarches afférentes à l'inhumation.

La *Tahara*, toilette — ou plus exactement « purification » — du mort se déroule dans la plus grande décence, avec les mêmes égards qu'envers un homme vivant. Le corps dissimulé sous un drap blanc est aspergé d'eau tiède et nettoyé en entier, en commençant par la tête. Après l'avoir essuyé, on verse sur lui environ neuf pintes d'eau — ce qui constitue l'acte essentiel de la « purification » — en prononçant les versets : « Et Je verserai sur vous de l'eau pure et vous serez purifiés ; de toutes vos impuretés et de toutes vos souillures, Je vous purifierai » (Ez., XXXVI, 25).

On revêt ensuite le mort de ses *Takhrikhine* de toile blanche, toilette égale pour tous, dans sa simplicité. Alors on le dispose dans le cercueil, le visage tourné vers le haut, la tête reposant sur un sachet de terre de Sion que l'on répand également quelque peu, sur lui ; l'homme est enveloppé dans un *tallith* dont on a coupé l'un des quatre coins. Dans de nombreuses contrées, en Afrique du Nord et en Orient, l'ensevelissement se fait d'ailleurs à même la terre.

La *Levaya*, « conduite » du défunt au cimetière, est considérée également comme une mitsva très importante, aussi bien à l'égard des survivants que de celui qui n'est plus. L'incinération est rigoureusement interdite. On procède à l'inhumation du corps, « sans fleurs ni couronnes », en toute simplicité. Après l'oraison funèbre [1], le cercueil descendu dans la tombe, le rabbin, puis les assistants, y lancent chacun trois pelletées de terre en disant : « Tu viens de la poussière et à la poussière tu retournes ; la poussière retourne à la terre d'où elle est venue et l'âme retourne vers Dieu qui l'a donnée. » Avant que la fosse ne soit comblée,

1. Dans certaines communautés, on récite au cimetière le psaume XCII : *« Celui qui demeure à l'ombre du Très-Haut... »*

les proches parents du défunt pratiquent à leur vêtement la « déchirure rituelle » *Qeria'*, à moins qu'ils ne l'aient déjà faite auparavant. La cérémonie s'achève sur un *Qaddich*, spécial s'il s'agit du fils qui le récite pour son père ou sa mère. Selon l'usage antique, les assistants se placent sur deux rangs et, tandis que les affligés passent au milieu d'eux, ils leur adressent les mots traditionnels de consolation : « Que le Seigneur vous console, vous et tous les affligés de Sion et de Jérusalem. »

Après l'enterrement commence la période des *Chive'a*, des « sept jours », durant lesquels les *Avèlim*, « les endeuillés »[1], demeurent dans la maison mortuaire où l'on célèbre les offices quotidiens avec *Miniane*, en les faisant suivre d'une « étude » religieuse que conclut un *Qaddich*. Diverses manifestations de deuil incombent aux *Avèlim* ; s'abstenant de tout travail, ils restent assis sur des sièges bas, déchaussés, recevant ceux qui viennent leur témoigner leur sympathie et qui considèrent comme un devoir de leur apporter aussi la nourriture matérielle qu'ils pourraient négliger au milieu de leur tristesse. Les femmes, cependant, peuvent s'occuper de leur foyer et particulièrement de leurs enfants.

Le Sabbat et les fêtes introduisent une coupure dans les rites de deuil. Dans beaucoup de communautés de rite occidental, les *Avèlim* sont reçus à la porte de la synagogue par le rabbin et autres

1. Entrent dans cette catégorie les enfants du défunt, ses parents, ses frères et sœurs, son époux ou épouse.

notables de l'endroit, le vendredi soir, au moment où le *'Hazzane* entonne le dernier couplet du *Lekha Dodi*, annonce officielle de l'entrée du Sabbat. La douleur et l'affliction s'effacent devant la sérénité sabbatique.

« Les sept jours » se situent au début des *Chelochim :* durant « trente » jours après l'inhumation, les règles de deuil s'imposent, plus rigoureuses et plus nombreuses pendant les *Chive'a* ; certaines se perpétuent pendant un mois : ainsi l'interdiction de se couper les cheveux et de se faire la barbe. A la fin de cette période, le deuil est levé pour les frères et sœurs, pour les époux. Mais les orphelins de père ou de mère consacrent un an à la douleur de leur perte, évitant toute réunion joyeuse et se rendant matin et soir à la synagogue où ils récitent le *Qaddich* pendant onze mois. Durant tout ce temps, une lumière brûle à leur foyer en souvenir du disparu.

Chez les Sefaradim, la fin de chacune de ces périodes est marquée par une cérémonie particulière. C'est ainsi que, à la fin des *Chive'a,* on adresse aux *Avèlim,* à l'issue de l'office du matin au 7e jour, ces versets du Prophète : « Ton soleil n'aura plus jamais de coucher, la lune, jamais d'éclipse : car le Seigneur sera pour toi une lumière inextinguible et tes jours de deuil seront terminés », et il est écrit : « Comme un fils que sa mère console, ainsi vous consolerai-Je, et c'est dans Jérusalem que vous trouverez votre consolation » (Is., LX, 20 et LXVI, 13). A la fin des *Chelochim,* et souvent aussi au terme de dix ou de onze mois, on lit des passages bibliques et talmudiques appropriés avant de réciter la *Hachkaba*, la prière en mémoire du défunt.

L'anniversaire, chez les Achkenazim du moins, est célébré, la première année, à la date hébraïque de l'enterrement. En ce jour s'accomplit généralement la pose de la pierre tombale, *Matsèva.* Là aussi, la sobriété est de mise et les vieux cimetières israélites frappent par la simplicité uniforme de leurs stèles où, seule, figure une inscription hébraïque révélant l'identité de la tombe et parfois une épitaphe.

Chaque année, par la suite, le « *Jahrzeit* » est fixé au jour anniversaire du décès. La lumière mortuaire est alors rallumée pour vingt-quatre heures et les parents du défunt récitent le *Qaddich* et répandent de bonnes œuvres en sa mémoire.

Afin d'éviter tout ce qui pourrait ressembler à un culte des morts, les visites au cimetière sont limitées, une par an, de préférence en Eloul ou en Tichri. Les Sefaradim, pourtant, ont l'habitude d'y aller à la fin des sept jours, à la fin du mois, tous les vendredis et les veilles de *Roch 'Hodech.*

Divers termes, dans le langage courant, servent à désigner le cimetière. C'est le *Beth Ha'hayim*, « la maison de vie » — le *Beth 'Olam*, « maison d'éternité » — et dans le rite allemand et alsacien *Gut-ort*, « le bon endroit ». N'est-ce point manifester que la mort n'a rien de terrifiant pour le Juif, qui voit en elle au contraire la porte de la vie éternelle ? Cette certitude confiante du destin de l'homme, au-delà des limites de son existence terrestre, s'exprime de même dans les deux psaumes (XLIX et XVI), dont la lecture a été instituée précisément pendant les *Chive'a*, dans la maison de deuil :

« *Et mon corps repose en sécurité, car Tu n'abandonneras pas mon être à l'abîme, Tu ne laisseras pas Ton fidèle voir le néant ; Tu me feras connaître le chemin de la vie, la plénitude des joies qu'on goûte en Ta présence, les délices dont on jouit à Ta droite, sans fin.* » (Ps. XVI, 10-11.)

« *Il anéantira la mort à jamais et le Seigneur Dieu séchera les larmes sur tout visage. Il fera disparaître, de toute la terre, la honte de son peuple ; c'est l'Eternel qui a parlé.* »

(Isaïe, XXV, 8.)

CHAPITRE VII

LA CHARITÉ[1]

Les plus grands de nos Sages, nous enseigne Maïmonide, donnaient une aumône à un pauvre avant chaque prière et ensuite seulement ils se mettaient à prier, car il est dit : « Par le *tsedek* je verrai Ta face. » Ce mot hébreu — introduit par le fameux « test » du professeur Baruk dans le langage de la psychologie pour exprimer le sens inné de la « justice » en l'homme — est de même racine que *tsedaka*, « *charité* » mais aussi « droiture, vertu, équité » dans le texte biblique. C'est dire que, pour le judaïsme, aider ceux qui sont dans le besoin, ce n'est pas agir par pitié, mais c'est une obligation

1. Note de l'éditeur : Ce chapitre ne figurait pas dans les éditions précédentes, mais l'auteur ayant pris conscience de cette lacune, avait prévu de l'introduire lors de la prochaine réédition de ce livre. « Sanctifier le Sabbat est un devoir aussi important qu'assister les pauvres », écrit-il dans son Introduction : cette assertion reste vraie si l'on en inverse les termes.

légale, un acte de justice. De la première à la dernière page de l'Ecriture, on peut suivre l'appel divin à l'amour du prochain (Lévitique XIX, 19), un amour qui doit se manifester, car toute pensée doit se traduire en actes, comme tout acte doit devenir pensée.

Déjà Abraham, au sortir de la douloureuse opération qui a marqué dans sa chair le « sceau de l'Alliance » pour le distinguer des autres hommes, n'a qu'une aspiration : retourner vers eux pour leur porter assistance, offrir l'hospitalité aux voyageurs du désert (Genèse XVIII, 3). Son chemin solitaire parmi les peuples, c'est « la voie de Dieu, (c'est-à-dire) pratiquer la charité (tsedaka) et la justice » (ibid. 19).

Telle sera aussi la caractéristique des temps messianiques. « Voici venir des jours, dit l'Eternel, où je susciterai à David un rejeton juste. Il régnera en roi, agira avec sagesse, pratiquera la justice et la tsedaka dans le pays » (Jérémie XXIII, 5). « Et l'œuvre de la tsedaka sera la paix et le fruit de la tsedaka sera le calme et la sécurité à tout jamais » (Isaïe XXXII, 17).

A maintes reprises, la Tora enjoint à chacun de « faire la charité selon ses moyens » ; nul n'échappe à cette obligation, même celui qui vit de la charité des autres, elle reste valide en tout temps et en tout lieu. « Tu n'endurciras pas ton cœur, tu ne fermeras pas ta main à ton frère pauvre ! » (Deutéronome XV, 17).

La charité s'adresse à tous les déshérités, la veuve et l'orphelin, l'esclave et l'étranger. C'est une mitsva de les faire participer à la joie familiale des fêtes. La législation biblique prescrit de leur réserver, lors des moissons, le coin du champ, les gerbes oubliées, la glane, et les grappillons des vendanges. Deux fois en six ans la « dîme du pauvre » remplaçait celle que le propriétaire consommait à Jérusalem et tous les sept ans, les produits des terres en jachère, des arbres non taillés étaient offerts à la libre consommation, tandis que les dettes étaient abolies.

« Ne dépouille pas le pauvre car il est pauvre » (Proverbes XXII, 22). S'il est pauvre, comment le dépouillerait-on ? Ce verset n'a en vue que les « dons des pauvres » ordonnés par la Tora : la glane, la gerbe oubliée, le coin du champ, la dîme du pauvre. Le Saint béni soit-Il interdit ici que quiconque les dépouille de ces dons qui leur reviennent de droit : « car il est pauvre » — c'est déjà assez qu'il soit pauvre. Ne suffit-il pas au riche de vivre dans l'abondance quand le pauvre est à l'étroit, pour qu'il le prive encore de ce que le Saint béni soit-Il lui a donné ? (Bamidbar Rabba, ch. V).

Nos Sages, développant la législation de la Tora, n'ont pas manqué de réglementer ce domaine que les autres confessions laissent à l'appréciation de chacun. La charité ne se limite pas aux ressources agricoles et, du verset même qui prescrit de « prélever la dîme de *tout* le produit de l'ensemencement » (Deutéronome XIV, 22), les rabbins ont déduit que cette prescription s'applique également aux activités commerciales.

Si l'on en a les moyens, on donne aux pauvres ce dont ils ont besoin ; si l'on n'en a pas tout à fait les moyens, on donnera jusqu'au cinquième de ses biens pour accomplir au mieux la mitsva et, en moyenne, un dixième (maasser) ; *en dessous, c'est faire preuve d'avarice. Ce cinquième, on le donne la première année sur le capital et les années suivantes sur les bénéfices. (Choul'hane Aroukh, Yoré Déa, 249, 1-2).*

L'importance du « devoir » de charité est si grande que le code rabbinique habilite le *Beth Dine* à contraindre par la force à donner tout membre de la communauté qui se refuserait à acquitter ses obligations (ibid., 248, 2). De nos jours, cette « pression » ne s'exerce plus mais le juif fidèle prélève, sur son salaire ou ses gains, la « dîme » pour répondre aux sollicitations individuelles ou communautaires.

Soucieuse de conserver au nécessiteux, dans son état de dépendance, sa dignité d'homme libre, la Tora recommande le prêt (sans intérêt) et nos Sages préconisent le tact et la discrétion.

Bien que la charité soit un devoir sacré, le but ultime de la tsedaka est d'abolir la pauvreté et de rendre le pauvre capable de subvenir à ses besoins... Rabbi Abba dit au nom de Rabbi Simon ben Lakich : « Celui qui avance une somme d'argent est plus grand que celui qui la donne et celui qui met un capital dans une association (avec une personne en détresse) est plus digne d'éloge que tous les autres. » (Talmud Babli, Chabbat 63 a.)

Mais l'amour d'autrui, la charité au sens large

dépassent le geste stéréotypé du don de l'aumône pour s'exprimer dans l'acte chaleureux de sympathie à l'égard du prochain dans la peine — mais aussi dans la joie [1]. C'est la *guemilouth 'hassadim,* « manifestation de bonté » ou « charité-bonté », par opposition à « charité-aumône ».

Nos rabbins ont enseigné : sur trois points la « charité-bonté » l'emporte sur la « charité-aumône ». Celle-ci, l'homme la fait avec son argent, celle-là avec son argent ou en payant de sa personne ; la seconde ne s'adresse qu'aux pauvres, la première également aux riches ; la tsedaka ne concerne que les vivants, la guemilouth 'hassadim concerne aussi les morts (Talmud Babli, Soucca 49 b).

Incarnation en ce monde du vouloir divin, les mitsvoth permettent à l'homme de réaliser sa propre sainteté à l'image de la sainteté divine et, devenant le collaborateur de Dieu dans l'œuvre de la Création, de compléter et parfaire l'univers laissé volontairement inachevé.

Rabbi 'Hama fils de Rabbi 'Hanina dit : « Il est écrit (Deutéronome XIII, 5) : Vous suivrez le Seigneur votre Dieu. » Comment l'homme pourrait-il suivre la Majesté divine dont il est dit qu'elle est « un feu dévorant » (ibid XLI, 24) ? Ce qu'il faut suivre, ce sont les vertus divines. Il habille ceux qui sont nus, comme il est dit (Genèse III,

1. « Réjouir les jeunes mariés » fait partie de ces manifestations de bonté cataloguées comme « mitsva ». Il s'agit de les entourer, de les gâter, de les fêter pendant « les sept jours du festin » (cf. p. 192/3).

21) : « Le Seigneur Dieu fit à Adam et à sa femme des tuniques de peau et les en revêtit » — toi aussi, donne des vêtements à ceux qui n'en ont pas ! Le Saint béni soit-Il rend visite aux malades : « Et Dieu lui apparut (à Abraham, après sa circoncision) à Eloné Mamré » (Genèse XVIII, 1) — toi aussi , va voir les malades ! Le Saint béni soit-Il ensevelit les morts, comme il est dit (à propos de Moïse) : « Il l'enterra dans la vallée » (Deutéronome XXXIV, 6) — toi aussi, rends aux morts les derniers devoirs ! Le Saint béni soit-Il console les endeuillés : « Après la mort d'Abraham, Dieu bénit Isaac son fils » (Genèse XXV, 11) — toi aussi, console les affligés ! (Talmud Babli, Sota 14 a).

Avec l'étude et la prière — qui depuis la destruction du Temple a remplacé le culte des sacrifices — la charité est l'un des « trois piliers sur lesquels repose le monde » (Pirké Avoth I, 2).

Il faut bien prendre garde de manquer de bonté, ne serait-ce qu'un seul jour de sa vie ! C'est aussi important, pour un juif, que de se fixer chaque jour des temps pour l'étude de la Tora... En effet, la sainteté se matérialise par « les trois piliers de la Tora, du culte et de la « charité-bonté » : comme l'un des trois — le culte des sacrifices — nous manque actuellement à cause de nos péchés, il nous faut d'autant consolider les deux qui restent. Alors nos péchés nous seront pardonnés, comme il est écrit : « Par la bonté et la vérité le péché sera expié » (Proverbes XVI, 6). (Rav Israël Méir Kagan, dit le 'Hafets 'hayim).

CONCLUSION

Pour atteindre au but suprême qu'il se propose — parfaire la ressemblance de l'homme avec son Créateur en lui faisant gravir les divers échelons menant à la sainteté — le judaïsme offre à ses adeptes le « monde des mitsvoth », qui leur permettent de se rapprocher toujours davantage de Dieu, au point d'en ressentir la Présence. Tout ensemble moyen et fin, elles aident d'abord l'homme qui se soumet à leur discipline dans sa lutte contre les passions ; elles ont pour effet de rendre constamment présente la pensée de Dieu et de sanctifier la vie dont chaque acte, si humble soit-il, se trouve tout pénétré de spiritualité. Elles représentent enfin le point culminant de l'échelle qui l'amènera à Dieu, la consécration totale de son existence.

Sans doute, le danger reste-t-il toujours à craindre que la pratique ne devienne routine, que le croyant n'en arrive à regarder l'accomplissement extérieur du rite comme suffisant, séparant le contenant du contenu, le geste de sa signification profonde, de la base spirituelle qui l'anime et qu'il recouvre. Prophètes bibliques et docteurs de la Loi n'ont jamais cessé de s'élever contre ce danger, rappelant sans trêve que l'acte ne devait jamais être dissocié de son sens intime et créateur.

Une autre erreur guette l'homme dans son ascension vers la sainteté : c'est de se croire parvenu au faîte. Or, à aucun moment, il ne peut se considérer comme arrivé, sa vie entière ne saurait être qu'un perpétuel dépassement. Les anges sont, par définition, des « stagnants », mais l'homme est un « marcheur » : chaque réalisation ne constitue qu'une étape, un nouveau point de départ ; s'il ne monte plus, il régresse. C'est cet effort continuel, ces exigences indéfiniment renouvelées qui caractérisent l'attente messianique : loin d'être stérile dans la passivité, elle se reconnaît dans la devise talmudique « aller de progrès en progrès » et « s'élever en sainteté ».

GLOSSAIRE DES MOTS HÉBREUX

ACHAMNOU : « Nous avons péché » (premier mot d'une prière de confession).

ACHKENAZ (pluriel : ACHKENAZIM) : nom donné aux Israélites de rite dit allemand, d'Europe occidentale et centrale à l'origine.

ACHRE : début d'un verset qui introduit, dans le rituel de prières, le psaume 145.

ADAR : mois de l'année juive.

ADAR CHENI : mois supplémentaire des années embolismiques.

ADIR HOU : premiers mots d'un cantique chanté lors du *Séder* de la Pâque.

ADLAYADA : nom donné au « carnaval » de Pourim.

ADON 'OLAM : premiers mots d'un hymne placé en tête du rituel de prières.

AFIKOMANE : nom donné au morceau de pain azyme qu'on mange après la fin du repas pascal.

AGOUDA : faisceau, bouquet *(Agoudath loulav).*

AHAVA RABA : premiers mots d'une prière du matin précédant la récitation du *Chema'*.

ALENOU : premier mot et nom d'une prière qui termine les offices quotidiens.

ALMEMOR (voir *Bima*) : estrade de l'officiant.

AQDAMOUTH : *piyout* récité lors de la lecture de la Tora à la fête de *Chavou'oth.*

ARBA' KENAFOTH : voir *Tallith qatane*.

ARBA' KOSSOTH : les « quatre coupes » de vin que l'on boit au *Séder* de la Pâque.

ARBA' MINIM : les « quatre espèces » de végétaux que l'on secoue à la fête de *Soukkoth*.

ARBA' PARACHIYOTH (voir aussi *Paracha*) : les « quatre lectures » particulières aux quatre Sabbats spéciaux qui précèdent la fête de Pessa'h (voir *Chabbath*).

ARONE HAQÔDECH : armoire où sont rangés les rouleaux de la Tora.

AV : mois de l'année juive. *Tich'a Beav :* 9 Av (jour du).

AVELIM (pluriel de *Avel*) : les « endeuillés ».

AV HARA'HAMIM : premiers mots d'une prière évoquant les martyrs d'Israël.

AVINOU MALKENOU : « Notre Père, notre Roi », premiers mots d'une prière récitée du 1er au 10 *Tichri*.

AVOTH MELAKHOTH : principaux travaux interdits le *Chabbath*.

'AL 'HET : premiers mots d'une prière de confession.

'AL HANISSIM : premiers mots d'une prière de reconnaissance récitée à *'Hanoukka* et *Pourim*.

'AMIDA : voir *Chemoné Essré*.

'AMOUD : voir *Téba*.

'ARAVOTH : rameaux de saule qui font partie du « bouquet » de *Soukkoth*.

'HIBOUT 'ARAVA : effeuillage des rameaux de saule le jour de *Hochana Raba*.

'ATSERETH : clôture.

'AVOTH : myrte (*'Avoth* ou *'Ets 'Avoth*).

BA'AL HABAYITH : le maître de maison.

BA'ALATH HABAYITH : la maîtresse de maison.

BA'AL KORE : lecteur de la Tora.

BAR-MITSVA (voir *Mitsva*) : garçon qui atteint sa majorité religieuse.

BAROUKH CHEAMAR : premiers mots d'une prière du matin.

BAROUKH HOU OUVAROUKH CHEMO : répons de celui qui entend prononcer le nom de Dieu.

BAROUKH HABA : « Béni soit celui qui vient. »

BATH MITSVA (voir *Mitsva*) : fille qui atteint sa majorité religieuse.

BATIM : écrins carrés qui renferment les parchemins des *Tefilline*.

BAYECHANIM : humbles.

BEDIQA : recherche, examen.

BEN HAMETSARIM : « Jours d'angoisse », nom donné aux trois semaines allant du 17 *Tammouz* au 9 *Av*.

BERAKHA : bénédiction.

BERAKHA LEVATALA : bénédiction non motivée.

CHEVA' BERAKHOTH : « Sept bénédictions » du mariage.

BIRKATH KOHANIM : bénédiction sacerdotale.

BIRKATH HAMAZONE : bénédiction que l'on récite après le repas.

BERECHITH : premier mot de la Genèse.

BERITH : alliance.

BERITH MILA : alliance de la circoncision.

BETH 'AM : « maison du peuple » (Jérémie, XXXIX, 8). (Voir *Beth Hakenesseth*.)

BETH DINE : tribunal rabbinique — parfois équivalent de sanhédrin.

BETH HAKENESSETH : synagogue.

BETH HAMIDRACH : maison d'étude.

BETH HAMIQDACH : Temple de Jérusalem.

BETH HA'HAYIM : « maison de la vie ».

BETH 'OLAM : « maison d'éternité » — euphémismes pour « cimetière ».

BIMA : estrade de l'officiant. (Voir *Alménor*.)

BI'OUR 'HAMETZ : voir *'hametz*.

BIRKATH KOHANIM : voir *Berakha*.

BIRKATH HAMAZONE : voir *Berakha*.

BIQQOUR 'HOLIM : « visite des malades ».

BITTOUL 'HAMETZ : voir *'hametz*.

CHABBATH : le Sabbat, le septième jour de la semaine, jour de repos.

CHABBATH CHABBATHONE : « Sabbat des Sabbats », *Yom Kippour*.

CHABBATH CHOUVA : Sabbat qui suit *Roch Hachana*.

CHABBATH CHEQALIM, CHABBATH ZAKHOR, CHABBATH PARA, CHABBATH HA'HODECH : quatre Sabbats situés aux environs des fêtes de *Pourim* et de *Pessa'h*, au cours desquels on lit un texte particulier de la Tora.

CHABBATH HAGADOL : Sabbat précédant la fête de *Pessa'h*.

CHABBATAH 'HAZONE : Sabbat précédant le jeûne du 9 *Av*.

CHABBATH 'HOL HAMOED : Sabbat de la semaine de la Pâque ou des Cabanes.

CHABBATH NA'HAMOU : Sabbat suivant le jeûne du 9 *Av*.

CHADDAÏ : « Tout-Puissant ».

CHA'HARITH : office du matin.

CHALIA'H TSIBOUR : « délégué de la communauté ». (Voir *'hazzane*.)

CHALOCH REGALIM : les « trois » fêtes de « pèlerinage » : Pâque, Pentecôte, Cabanes.

CHALOM ALEKHEM : « La paix soit sur vous ! »

CHALOM ZAKHAR : cérémonie qui se fait le vendredi soir après la naissance d'un garçon, dans le rite achkenaz.

CHAMACH : « serviteur » ; nom donné au bedeau de la synagogue et à la bougie qui sert à allumer les lumières de *'Hanoukka*.

CHAMOR : « garder » ; premier du quatrième commandement du Décalogue dans le Deutéronome, allusion aux interdictions du Sabbat. (Voir *Zakhor*.)

CHANA : « année ».

CHANA PECHOUTA : année ordinaire de douze mois.

CHANA ME'OUBERETH : année embolismique de treize mois.

CHAVOU'OTH : « semaines » (pluriel de *Chavou'a*), nom hébreu de la Pentecôte.

CHEVOU'ATH HABEN : « semaine du fils ».

CHIDRA : tige centrale de la palme rituelle de *Soukkoth*, le *loulav*.

CHEHE'HEYANOU : « qui nous a fait vivre » ; début d'une bénédiction que l'on récite à de nombreuses occasions heureuses.

CHELOCHETH YEME HAGBALA : « les trois jours de limitation » qui précèdent la Pentecôte.

CHELOCHIM : « trente » jours de deuil.

CHEMA' : premier mot d'un passage du Deutéronome qui exprime la profession de foi du Juif et occupe une place importante dans le rituel de prières.

CHEMINI 'ATSERETH : « huitième » jour de « clôture » ; nom de la fête qui suit les sept jours de *Soukkoth.*

CHEMONÉ ESSRÉ : « dix-huit » bénédictions ; appelé encore *Tefilla* et *'Amida,* ce texte de prière, qui compte en réalité dix-neuf bénédictions, constitue le sommet des offices quotidiens.

CHEQEL : « sicle », monnaie antique.

MA'HATSITH HACHEQEL : demi-sicle que chaque Juif devait verser chaque année au Temple de Jérusalem.

CHEVARIM : nom donné à une série de sons produits par la sonnerie du *chofar.* (V. ce mot, et aussi *teqi'a* et *terou'a.*)

CHEVAT : mois de l'année juive.

CHEVOU'ATH HABEN : voir *Chavou'oth.*

CHIDDOUKHINE : « fiançailles ».

CHINE : lettre de l'alphabet hébreu.

CHIV'A : « sept » — les « sept » jours de deuil.

CHIV'A DENE'HEMATA : « sept » *haftaroth* de « consolation » qu'on lit les Sabbats qui suivent le 9 *Av.*

CHOFAR : corne rappelant le bélier du sacrifice d'Isaac, dont on sonne à *Roch Hachana.*

CHOFAROTH : nom de la troisième bénédiction intercalaire de la *'Amida* de *Moussaf* de *Roch Hachana.* (Voir aussi *Malkhouyoth* et *Zikhronoth.*)

CHO'HET : nom du préposé à l'abattage rituel — *che'hita.*

CHOUL'HANE AROUKH : « table dressée » — code rédigé au XVIe siècle par Joseph Caro et qui fait toujours autorité.

CHOUL'HANE OREKH : « On dresse la table » — désigne, parmi les diverses parties du *Séder* pascal, celle qu'occupe le repas proprement dit.

DALET : lettre de l'alphabet hébreu.

DAVAR HAAVED : « produit risquant de s'avarier ».

DAYENOU : « cela nous aurait suffi ». Refrain d'un texte célèbre de la *Haggada* de Pâque.

DERACHA (pluriel : *Derachoth*) : « sermon ».

DINE (pluriel : *Dinim*) : « loi ».

DIVRE TORA : paroles de la Tora. Entretien qui a l'approfondissement de la Tora pour objet.

DOUKHANE : « estrade » d'où les prêtres *(kohanim)* bénissaient le peuple, au Temple de Jérusalem.

DREIDEL : voir *Sevivone.*

ECHETH 'HAYIL : « femme vertueuse » (Proverbes, XXXI).

E'HAD : « un ».

E'HAD MI YODE'A : chant populaire du *Séder* pascal.

ELOUL : mois de l'année juive.

EMETH VEYATSIV : premiers mots de la bénédiction qui suit le *Chema'* à l'office du matin.

'EREV : « veille ». *'Erev Kippour :* « veille de *Kippour* ».

'EROUV TAVCHILINE : « mélange de plats cuits » : nom d'un rite qui a cours la veille d'une fête, lorsqu'elle précède un Sabbat.

EROUSSINE : première partie de la cérémonie du mariage. (Voir aussi *Qiddouchine.*)

'ETS : « bois ».

'ETS 'HAYIM : montants de bois du rouleau de la Tora.

'ETS 'AVOTH : voir *'Avoth.*

ETHROG : « cédrat », l'une des quatre espèces du bouquet rituel de *Soukkoth.*

'EZRATH NACHIM : galerie des dames à la synagogue.

GOLA : Diaspora — pays, hors d'*Eretz-Israël,* où les communautés juives ont été disséminées.

GUELILA : « enroulement » du rouleau de la Tora dans son mantelet, après la lecture.

GUEMARA : commentaire de la Michna, qui est le code de la Loi orale, l'ensemble formant le Talmud.

GUEMILOUTH 'HASSADIM : charité, bienfaisance, amour du prochain.

GOMELE 'HASSADIM : ceux qui pratiquent cette vertu.

GUETT : acte de divorce.

HADAR : « de toute beauté ». L'arbre *Hadar* désigne le cédratier.

HADASSIM : « rameaux de myrte ». L'une des quatre espèces du bouquet de *Soukkoth.*

HADLAQATH HANER : « allumage (rituel) des lumières » (Sabbats et fêtes).

HAFTARA : chapitre tiré des Prophètes, lu après le passage hebdomadaire ou supplémentaire de la Tora.

HAG'ALA : purification des ustensiles de cuisine par immersion dans l'eau bouillante.

HAGBAHA : « élévation » du rouleau de la Tora avant ou après la lecture pour le montrer à l'assemblée des fidèles.

HAGGADA : « récit » rituel de la soirée pascale.

HALAKHA : partie législative du Talmud.

HALLEL : suite de psaumes (Ps. CXIII à CXVIII) que l'on récite les jours de fête.

HAMOTSI : début de la bénédiction qu'on récite sur le pain.

HAQAFOTH : promenades processionnelles des rouleaux de la Tora à la synagogue, lors de la fête de *Sim'hath Tora.*

HAVDALA : cérémonic de clôture à l'issue du Sabbat et des jours de fête.

HAMALAKH HAGOEL : premiers mots de la bénédiction de Jacob aux fils de Joseph.

HAZKARATH NECHAMOTH : « rappel des âmes ». Cérémonie consacrée au souvenir des parents disparus.

HOCHA'NA (pluriel : *Hocha'noth*) : « O, sauve-nous ! ». Récitation de poèmes liturgiques contenant ce refrain pendant la fête de *Soukkoth.*

HOCHA'NA RABBA : nom du septième jour de la fête de *Soukkoth.*

HOCHI'A NA : a le même sens que *Hocha'na.*

'HAD GADYA : chant populaire de la soirée pascale.

'HAG : « fête ». Nom donné par excellence à la fête de *Soukkoth,* dans la Bible.

'HAG HAASSIF : « fêtes des récoltes » *(Soukkoth).*

'HAG HAAVIV : « fête du printemps » *(Pessa'h).*

'HAG HABIKKOURIM : « fête des prémices » *(Chavou'oth).*

'HAG HAMATSOTH : « fête des azymes » *(Pessa'h).*

'HAG HAQATSIR : « fête de la moisson » *(Chavou'oth).*

'HAGUIGA : sacrifice spécial des fêtes.

'HALAF : nom du couteau qui sert à l'abattage rituel.

'HALOUTZIM : « pionniers ».

'HALA : « prélèvement » rituel d'un morceau de pâte, lorsqu'on fait du pain ou de la pâtisserie.

'HAMETZ : produit fermenté interdit pendant la fête de *Pessa'h*.

BI'OUR 'HAMETZ : enlèvement des produits interdits la veille de la Pâque.

BITTOUL 'HAMETZ : « annulation » des produits fermentés qui auraient échappé à la recherche.

'HANOUKKA : fête de l' « inauguration » du sanctuaire.

'HANOUKIA - 'HANUKE LEUCHTER : chandelier à huit branches qu'on allume à *'Hanoukka*.

'HAROSSETH : sorte de pâte brunâtre à base de pommes râpées, d'amandes et de cannelle, qui figure sur le plat du *Séder*.

'HATHANE : « fiancé ».

'HATHANE TORA, 'HATHANE BERECHITH : titre donné à celui qui termine et à celui qui recommence la lecture du rouleau de la Tora, le jour de *Sim'hath Tora*.

'HAZZANE : ministre officiant.

'HEDER : école primaire juive en Europe centrale jadis.

'HESSED : « bonté », « grâce ».

'HEVRA QADDICHA : « société des derniers devoirs ».

'HIBOUT 'ARAVA : voir *'Aravoth*.

'HOL HAMOED : jours de demi-fête de *Pessa'h* et de *Soukkoth*.

'HOUPPA : dais nuptial.

IYAR : mois de l'année juive.

KACHER (féminin *kechera*) : religieusement propre à être utilisé ou consommé.

KALLA : « fiancée ».

KELI : « récipient ».

KETHER : « couronne ».

KETHOUBA : acte de mariage.

KAVANA : intention, recueillement.

KIPPOUR (ou YOM KIPPOUR) : « jour du Pardon ».

KISLEV : mois de l'année juive.

KITTEL : voir *Takhrikhine*.

KIYOR : « bassin ».

KOHEN (pluriel : *kohanim*) : « prêtre », descendant d'Aaron.

KOL NIDREI : premiers mots du texte par lequel on entame l'office de la veille de *Kippour*, et par suite nom donné à cet office.

LAG : « trente-trois ».

LAG BA'OMER : trente-troisième jour du *Omer*.

LEKHA DODI : refrain d'un chant d'accueil du Sabbat le vendredi soir.

LEVAYA : « enterrement ».

LIBOUN : purification par le feu des ustensiles de cuisine.

LICHMAH : pour l'amour de la *mitsva,* de façon désintéressée.

LIMMOUD : « étude ».

LOULAV (pluriel : *loulavim*) : palme, l'une des quatre espèces du bouquet de *Soukkoth.*

MA'AMADOTH : représentants délégués par tout Israël pour accompagner de leurs prières l'offrande des sacrifices.

MA'ARIV : office du soir.

MADREGA : « degré ».

MAFTIR : celui qui est appelé en dernier à la Tora et qui reçoit mission de lire la *Haftara.*

MAGGID : partie de la *Haggada* qui contient le « récit » de la sortie d'Egypte.

MA'HATSITH HACHEQEL : voir *Chéqel.*

MALKHOUYOTH : « royautés ». Nom de la première bénédiction intercalaire de la *'Amida* de *Moussaf* de *Roch Hachana.*

MAMZER : « bâtard », enfant né d'une union interdite par la Tora.

MA NICHTANA : premiers mots de la question de l'enfant lors de la soirée pascale.

MA'OZ TSOUR : hymne de *'Hanoukka.*

MAPPA : bande de tissu qui maintient le rouleau de la Tora.

MAROR : herbes amères, consommées la nuit du *Séder.*

MATSA (pluriel : *matsoth*) : pain azyme.

MATSOTH CHEMOUROTH : pains azymes dont la farine est composée de blé surveillé depuis la moisson.

MATSEVA : stèle funéraire.

MAYIM A'HARONIM : eau servant à l'ablution des mains à la fin du repas.

MAZAL TOV : «Bonne chance ! »

MAZKIR : voir *Hazkarath nechamoth.*

MEGUILLA : « rouleau ».

MELAVE MALKA : collation prise à l'issue du Sabbat, pour « accompagner la princesse ».

MENORA : « chandelier ».

MEZOUZA (pluriel *mezouzoth*) : étui fixé au poteau droit de la porte et contenant un parchemin rituel.

MICHNA : code de la Loi orale. (Voir *Talmud.*)

MI CHEBERAKH : premiers mots d'un texte par lequel le rabbin ou l'officiant bénit les fidèles.

MIDDATH HADINE : mesure divine de rigueur.

MIDRACH : commentaire homilétique de la Bible.

MILA : circoncision.

MIMOUNA : rite célébré par les Sefardim à l'issue de la fête de Pâque.

MINHAG (pluriel : *minhaguim*) : « usage » religieux.

MIN'HA : prière de l'après-midi.

MINIANE : assemblée de dix hommes — quorum nécessaire pour la prière publique.

MIQVE . bain rituel.

MITSVA (pluriel : *mitsvoth*) : « commandement ».

MITSVOTH 'ASSE : commandements positifs.

MITSVOTH CHEHAZEMANE GUERAMA : commandements liés au temps.

MO'ED (pluriel : *mo'adim*) : fête religieuse.

MODE ANI : « Je Te remercie », premiers mots de la prière du lever.

MOHEL : nom de celui qui pratique la circoncision.

MOTSI : morceau de pain sur lequel on récite la bénédiction et qu'on mange avant le repas.

MOUQTSE : objet qu'il est interdit de déplacer le Sabbat ou un jour de fête, parce qu'il est « retranché » de l'usage.

MOUSSAF : office « supplémentaire » du Sabbat et des jours de fête.

NASSI : « président » du Sanhédrin, jadis, en *Eretz-Israël.*

NECHAMA YETHERA : « âme supplémentaire » du Sabbat.

NE'ILA : office de « clôture » de *Kippour.*

NER TAMID : « lumière perpétuelle ».

NESS GADOL HAYA CHAM : « Il y eut là un grand miracle. » L'initiale hébraïque de chacun de ces mots est gravée sur les faces de la toupie de *'Hanoukka.*

NETILLATH YADAYIM : ablution rituelle des mains.

NIGOUN : « mélodie ».

NIDDA : état d'impureté mensuelle de la femme.

NISSANE : mois de l'année juive.

'OMER : mesure d'orge qu'on offrait le deuxième jour de la Pâque au Temple de Jérusalem. Nom donné à la période séparant la Pâque de la Pentecôte.

SEFIRATH HA 'OMER : commandement biblique de compter ces quarante-neuf jours.

'ONEG CHABBATH : « délice du Sabbat », réjouissances sabbatiques.

ONEN (pluriel : *onenim*) : ainsi appelle-t-on ceux qui viennent de perdre un proche parent, jusqu'au moment de l'enterrement. A partir de ce moment, on les appelle Avélim.

'ORLA (MITSVA DE) : interdiction des fruits d'un arbre appartenant à un Juif pendant les trois premières années.

OTH : « signe ».

OTH BERITH : « signe d'alliance ».

PARACHA (pluriel : *parachiyoth*) : texte de la Tora, équivalant à un ou plusieurs paragraphes ou chapitres. Parfois employé comme synonyme de *Sidra*.

PAROKHETH : rideau placé devant l'armoire qui contient les rouleaux de la Tora.

PEROUTA : petite monnaie de cuivre.

PESSA'H : nom hébreu de la Pâque.

PESSOUKE DEZIMRA : versets et cantiques commençant l'office du matin.

PIDYON HABEN : « rachat du fils » aîné.

PIRKE AVOTH : traité de la Michna, qui contient des maximes religieuses et morales.

POURIM : la fête des Sorts.

PIYOUTIM : poèmes liturgiques.

QADDICH : prière de sanctification rédigée en araméen, qui ne peut être récitée qu'à l'office public.

QECHER : « nœud ».

QEDOUCHA : prière de sanctification.

QEHILLA : « communauté ».

QERIA : « déchirure » pratiquée à un vêtement en signe de deuil.

QEVI'OUTH : tâche qu'on « se fixe » de manière régulière.

QIDDOUCH : sanctification — particulièrement à l'entrée du Sabbat et des fêtes.

QIDDOUCHINE : voir *Eroussine*.

QINIANE : « acquisition ».

QINOTH : élégies déplorant les martyrs d'Israël.

RE'HATZ : partie du *Séder* pascal, qui invite à l'ablution rituelle des mains.

ROCH HACHANA : fête du nouvel an juif.

ROCH 'HODECH : néoménie, jour de la nouvelle lune, premier jour du mois.

SANHÉDRIN : nom de la Haute Cour de Justice qui existait jadis en Israël ; elle avait également les pleins pouvoirs en matière de législation.

SANDIK : nom de celui qui tient l'enfant pendant la circoncision.

SARGUENESS : voir *Takhrikhine*.

SEDER (pluriel : *sedarim*) : « ordre », « cérémonie ». (Se dit en particulier du rituel de la soirée pascale.)

SEFARAD (pluriel : *sefaradim*) : nom donné aux Israélites de rite dit espagnol ou portugais, originaires en particulier d'Afrique du Nord.

SEFER (pluriel : *sefarim*) : « livre ».

SEFIRA, SEFIRATH HA 'OMER : voir *'Omer*.

SELI'HOTH . prières de supplications qu'on récite en *Eloul* et jusqu'à *Kippour*.

SE'OUDA : « repas ».

SE'OUDA CHEL MITSVA ou SE'OUDATH MITSVA : repas en rapport avec une cérémonie religieuse.

SE'OUDA CHELICHITH : « troisième repas » du Sabbat.

SE'OUDA MAFSEQETH : dernier repas avant le jeûne de *Kippour* et du 9 *Av*.

SEVIVONE : « toupie » à quatre faces, avec laquelle on joue à *'Hanoukka*.

SIDDOUR ou SEDER TEFILLA : rituel de prières.

SIDRA (pluriel : *sidroth*) : section de la Tora qu'on lit le Sabbat.

SIM'HA CHEL MITSVA : « joie » (d'accomplir) la *mitsva*.
SIM'HATH TORA : fête de la « réjouissance en la Tora ».
SIVANE : mois de l'année juive.
SIYOUM : « achèvement » de l'étude d'un texte sacré.
SOUKKA : « cabane » rituelle.
SOUKKOTH : fête des « cabanes ».
TA'ANITH : « jeûne ».
TA'ANITH TSIBOUR : « jeûne public ».
TACHLIKH : cérémonie qui se pratique de préférence le premier jour de *Roch Hachana* et qui a un caractère symbolique expiatoire.
TA'HANOUN : « supplication ».
TAHARA : pureté, purification — toilette mortuaire.
TAKHRIKHINE : vêtement mortuaire rituel.
TALLITH : châle de prière garni à ses quatre coins de *tsitsith*.
TALLITH QATANE : sous-vêtement à quatre coins portant des *tsitsith*.
TALMID : « élève », « étudiant ».
TALMID 'HAKHAM : sage, homme instruit dans la Tora.
TALMOUD : « étude ».
TALMUD : code de la Loi orale, comprenant la *michna* et la *guemara*, et qui comporte deux aspects : l'un législatif (la *halakha*), l'autre édifiant (l'*aggada*).
TAMMOUZ : mois de l'année juive.
TANAÏM : « enseignants ». Nom des Sages qui ont élaboré la *michna*.
TARGOUM : traduction. Plus particulièrement employé à propos de la traduction en araméen de la Bible.
TASS : « plaque » d'argent, garniture du rouleau de la Tora.
TEBA (on dit aussi *'Amoud*) : pupitre devant lequel se tient l'officiant.
TECHOUVA : « repentir ».
TEFILLA : « prière ».
TEFILLINE : boîtes cubiques noires munies de lanières pour se fixer sur la tête et le bras gauche du fidèle pendant la prière. Elles renferment quatre textes de la Tora écrits sur parchemin.

TENAÏM : contrat rédigé lors des fiançailles.

TEQI'A : nom donné à une série de sons émis par le *chofar*. (Voir aussi *Chevarim* et *Terou'a*.)

TEROU'A : nom d'une autre sonorité tirée du *chofar*.

TEREFA : littéralement « déchiré ». Se dit d'un animal devenu impropre à la consommation pour des raisons religieuses.

TEVETH : mois de l'année juive.

TICH'A BEAV : 9 du mois d'*Av*, l'un des plus grands jeûnes, rappelant la destruction du Temple de Jérusalem.

TICHRI : mois de l'année juive.

TORA : « doctrine », « loi ». Au sens étroit, le Pentateuque ; au sens général, l'ensemble de la Loi juive.

TRENDEL : voir *Sevivone*.

TSADDIQ (pluriel : *tsaddiqim*) : « juste ».

TSAFOUN : partie du *Séder* pascal, qui consiste à consommer comme dessert l'*Afikomane* (voir ce mot).

TSITSITH : franges rituelles que tout Juif doit porter, conformément au commandement biblique, pour se rappeler les commandements de Dieu.

VECHAMEROU : premier mot d'un paragraphe biblique sur l'observance du Sabbat.

VIDDOUY : « confession ».

YAD : « main ».

YA'HATZ : partie du cérémonial de la soirée pascale. On « partage » la *matsa* du milieu du plat du *Séder*.

YAMIM NORAÏM : « jours redoutables » : *Roch Hachana* et *Kippour*.

YECHIVA (pluriel : *yechivoth*) : école talmudique.

YETSER HARA' : le mauvais instinct, le penchant au mal.

YIZKOR : voir *Hazkarath nechamoth*.

YOD : lettre de l'alphabet hébreu.

YOM 'ATSMAOUTH : « jour de l'indépendance », qui commémore la résurrection de l'Etat d'Israël.

YOM TOV : « jour de fête ».

ZAKHOR : « se souvenir ». Premier mot du quatrième commandement du Décalogue dans l'Exode ; allusion aux commandements positifs du Sabbat. (Voir *Chamor*.)

ZEMIRA (pluriel : *zemiroth*) : « cantique ».

ZIKHRONOTH : « souvenirs ». Nom de la deuxième bénédiction de la *'Amida* de *Moussaf* de *Roch Hachana*. (Voir aussi *Malkhouyoth* et *Chofaroth*.)

ZOHAR : livre de la « Splendeur », œuvre maîtresse de la Kabale.

TABLE DES MATIÈRES

Troisième Partie

UNE VIE D'HOMME

DANS LA MÊME COLLECTION

Petit format

Jean Baumgarten, *Le Yiddish, histoire d'une langue errante.*
Doris Bensimon, *Les Juifs dans le monde au tournant du* XXIe *siècle.*
Jean Blot, *Albert Cohen ou Solal dans le siècle.*
Alain Boyer, *Théodore Herzl.*
Catherine Chalier, *Lévinas, l'utopie de l'humain.*
Gilbert Dahan, *La Polémique chrétienne contre le judaïsme au Moyen Âge.*
Roland Goetschel, *Isaac Abravanel, conseiller des princes et philosophe.*
Mireille Hadas-Lebel, *L'Hébreu, trois mille ans d'histoire.*
Massada, histoire et symbole.
Hillel, un sage au temps de Jésus.
Danièle Iancu, *Être juif en Provence au temps du roi René.*
Masha Itzhaki, *Juda Halévi, d'Espagne à Jérusalem.*
Philippe E. Landau, *L'Opinion juive et l'affaire Dreyfus.*
Béatrice Leroy, *Les Juifs dans l'Espagne chrétienne avant 1492.*
Henry Méchoulan, *Être juif à Amsterdam au temps de Spinoza.*
Les Juifs du silence au Siècle d'or espagnol.
Simon Claude Mimouni, *Les Chrétiens d'origine juive dans l'Antiquité.*
René Moulinas, *Les Juifs du pape.*
Gérard Nahon, *La Terre sainte au temps des kabbalistes.*
Renée Neher-Bernheim, *Jérusalem, trois millénaires d'histoire.*
Nadine Perront, *Être juif en Chine. L'histoire extraordinaire des communautés de Kaifeng et de Shanghai.*
Béatrice Philippe, *Les Juifs à Paris à la Belle Époque.*
Simon Schwarzfuchs, *Rachi de Troyes.*
Les Juifs au temps des croisades.
Yaacov Shavit, *Tel Aviv, naissance d'une ville, 1909-1936.*
David Sorkin, *Moïse Mendelssohn, un penseur juif à l'ère des Lumières.*
Jacques Taïeb, *Être juif au Maghreb à la veille de la colonisation.*
Emanuela Trevisan-Semi, *Les Caraïtes.*
Pamela Vermes, *Martin Buber.*

ISBN 978-2-226-05868-3
ISSB 0755-169X
N° d'édition : 24948 – N° d'impression : 064077/1
Dépôt légal : mars 1992
Imprimé en France

Reproduction photomécanique
et impression Bussière, novembre 2006
Éditions Albin Michel
22, rue Huyghens, 75014 Paris
www.albin-michel.fr

LE JUDAÏSME DANS LA VIE QUOTIDIENNE

« Présences du judaïsme »

DU MÊME AUTEUR

Le Judaïsme dans la vie quotidienne, Tome II : études et Responsa, Paris, Albin Michel, coll. « Présences du judaïsme », 2002.